Janne Graf / Veronika Hug

Woll-Lust

Stricken und Häkeln für die Wohnung

Kissen, Kuscheldecken,
Schmusetiere, Accessoires
und vieles mehr

Inhaltsverzeichnis

Musterexemplare
Wolldecke mit irischem Muster 6
Musterkissen in Wollweiß und Blau 8

Very british
Bodenkissen und Nackenrolle mit Karodessin 10
Deko-Behälter, tunesisch gehäkelt 12

Schmuseecke
Kuscheldecke in leuchtenden Rottönen 14
Drei Flauschkissen 16

Schön gemütlich
Hausschuhe für die ganze Familie 18
Zum Reinkuscheln: XXL-Schals 20

Sixties
Kunterbunte Patchwork-Decke 22
Taschen im Häkel-Look 24

Wohnen wie im Süden
Strickteppich à la Provençale 26
Ajourkissen in frischen Pastelltönen 28

Farbtupfer für die Küche
Gute-Laune-Frühstückstisch 30
Schön praktisch: Topflappen & Borten 32
Farbenfrohe Akzente: umhäkelte Übertöpfe 34

Gartenfreuden
Sonnenliegenauflage mit Kissen 36
Wunderschöne Windlichter 38
Kissen für Bank und Stuhl 40

Häkelromantik
Bettüberwurf in Filethäkeltechnik 42
Schöne Ausblicke: Häkelgardine 44

Maritimes Badezimmer
Utensilo und Bademattte im Marine-Stil 46

Hits für Kids
Kuschelweiche Bärenkissen 48
Extra soft: Riesen-Spielwürfel 50
Himmel & Hölle-Hüpfspiel 52
Babys Schmusedecke und Wärmflasche 54
Krabbeldecke Blumenwiese 56

Schritt für Schritt erklärt
Handarbeits-ABC 58
Grundkurs Tunesisches Häkeln 59
Kleine Filethäkelschule 60
Abkürzungsverzeichnis 60

Herstellerverzeichnis und Impressum 62

Wohnideen zum Stricken und Häkeln

Liebe Leserin, lieber Leser,

diese Wohnaccessoires vermitteln Woll-Lust pur! Softe Garne, harmonische Farben und neue Modellideen laden zum Entspannen ein.

Mit kuscheligen Decken und Kissen macht man es sich gerne gemütlich, vor allem, wenn sie nicht nur richtig schön weich, sondern auch noch sehr dekorativ sind: Mit ausdrucksstarken Mustern, flauschig aus Kuschelgarn, lustig-bunt im Sixties-Look oder nostalgisch mit filigranen Häkelmaschen.

Dazu gibt es praktische und dekorative Kleinigkeiten, die das Wohnen schöner machen. Stolen zum Hineinkuscheln, bequeme Hausschuhe, witzige Häkeltaschen, Ideen für die Küche, Utensilo und Teppich fürs Bad, tolle Ideen für das Wohnen auf Balkon und Terrasse – wir haben einen Streifzug durchs ganze Haus gemacht und uns für jeden Wohnbereich etwas ausgedacht!

Da dürfen natürlich auch die Kleinen nicht zu kurz kommen! Für sie gibt es Farbenfrohes zum Spielen und Kuscheln. Ein Hüpfteppich fürs Kinderzimmer, lustige Schmusetier-Kissen und weiche Riesenbauklötze begeistern nicht nur die Minis. Und auch an die Allerkleinsten haben wir gedacht und ihnen eine Baby-Kuscheldecke und eine Blumenwiese zum Krabbeln beschert.

Verantwortlich für Text und Konzept: Janne Graf

Erstellte für Sie die Anleitungen: Veronika Hug

Maschengenaue Anleitungen und übersichtliche Strick- und Häkelschriften machen das Nacharbeiten zum Vergnügen. Dazu geben wir bei jedem Modell den Schwierigkeitsgrad an:

*   anfängerleicht
**   ein wenig Übung erforderlich
*** etwas Erfahrung notwendig

Eine traditionsreiche Technik, deren typisches Maschenbild mit Webcharakter sehr attraktive Modelle ergibt, stellen wir in einem illustrierten Lehrgang auf Seite 59 vor: Tunesisches Häkeln. Und in unserer kleinen Filethäkelschule auf Seite 60 zeigen wir in Wort und Bild, was Sie zu diesem Thema wissen müssen.

Sich entspannen, zur Ruhe kommen, sich wohl fühlen – erleben Sie die neue Woll-Lust für ein kuscheliges Zuhause und stricken und häkeln Sie mit!

Viel Spaß dabei wünschen

Janne Graf & Veronika Hug

Mustermaschen aus Irland

Wolldecke

Schwierigkeit: **
Größe: 142 x 182 cm

Materialbedarf:

- „Cool Wool Big" von Lana Grossa (100 % Merino extrafine, LL = 120 m/50 g): je 550 g Wollweiß 615, Hellblau 604 und Jeansblau 629 sowie 300 g Dunkelblau 629
- Stricknadel Nr. 4,5
- Häkelnadel Nr. 4

Grundmuster (über 44 M): Laut Strickschrift arb. Es sind nur Hin-R gezeichnet, in den Rück-R die M stricken, wie sie erscheinen. Die 1.-24. R stets wdh.

Maschenprobe im Grundmuster: 23 M und 30,5 R = 10 x 10 cm.

So wird es gemacht:

Für jeden Musterstreifen 46 M anschlagen und zwischen den Rdm im Grundmuster arb. Nach 180 cm ab Anschlag alle M abketten. Je 2 Musterstreifen in Wollweiß, Hellblau und Jeansblau sowie 1 Musterstreifen in Dunkelblau arb.
Jeden Musterstreifen in der entsprechenden Farbe mit 1 Rd fe M umhäkeln, dabei in den Ecken stets 3 fe M in 1 Einstichstelle arb. Die Musterstreifen laut Schemazeichnung zusammennähen. Dafür die Teile li auf li aufeinander legen und entlang der Längskante eine Stoßnaht arb. Dabei jeweils in das vordere M-Glied der fe M einstechen.
Die gesamte Decke mit je 1 Rd fe M und Krebsmaschen (= fe M von li nach re gehend) umhäkeln. Dabei in der 1. Rd in den Ecken stets 3 fe M in 1 Einstichstelle arb.

Schemazeichnung

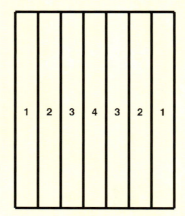

Zeichenerklärung:
1 = Wollweiß
2 = Hellblau
3 = Jeansblau
4 = Dunkelblau

Zeichenerklärung und Strickschrift:

- ☐ = 1 M li
- │ = 1 M re
- ⋏ = 3 M überzogen zusammenstricken (1 M re abheben, 2 M re zusammenstricken und die abgehobene M darüber ziehen)
- ⋃ = aus 1 M abwechselnd 1 M re, 1 M li und 1 M re herausstr.
- 1/1 = 2 M nach re verkreuzen (1 M auf eine Zopfnadel hinter die Arbeit legen, 1 M re und die M der Zopfnadel re)
- 1\1 = 2 M nach li verkreuzen (1 m auf eine Zopfnadel vor die Arbeit legen, 1 M re und die M der Zopfnadel re)
- 1\— = 2 M nach re verkreuzen (1 M auf 1 Zopfnadel hinter die Arbeit legen, 1 M re und die M der Zopfnadel li)
- —/1 = 2 M nach li verkreuzen (1 M auf eine Zopfnadel vor die Arbeit legen, 1 M li und die M der Zopfnadel re)
- 2/2 = 4 M nach re verkreuzen (2 M auf eine Zopfnadel hinter die Arbeit legen, 2 M re und die M der Zopfnadel re)
- 2\2 = 4 M nach li verkreuzen (2 M auf eine Zopfnadel vor die Arbeit legen, 2 M re und die M der Zopfnadel re)

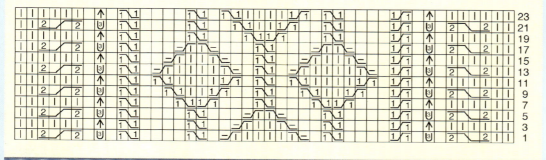

Musterparade in Wollweiß und Blau

Kissen

Schwierigkeit: **
Größe: 40 x 40 cm

Materialbedarf:

- „Cool Wool Big" von Lana Grossa (100 % Merino extrafine, LL = 120 m/50 g): 500 g Wollweiß 615, je 250 g Dunkelblau 629 und Hellblau 604
- Stricknadel Nr. 4,5
- 8 rechteckige Knöpfe
- 2 Keilknöpfe

Glatt re: Hin-R re M, Rück-R li M
Glatt li: Hin-R li M, Rück-R re M
Kraus re: Hin- und Rück-R re M
Rautenmuster (über 18 M): Laut Strickschrift A arb. Es sind Hin- und Rück-R gezeichnet. Die 1.-4. R stets wdh.

Für alle folgenden Muster gilt: Es sind nur die Hin-R gezeichnet, in den Rück-R die M stricken, wie sie erscheinen, re verschränkte M li verschränkt, Noppenmaschen re stricken.
Mittelmuster (über 48 M): Laut Strickschrift B arb. Die 1.-14. R 1 x arb, dann die 3.-14. R stets wdh.
Noppenmuster (über 13 M): Laut Strickschrift C arb. Die 1.-16. R stets wdh.
Strukturstreifen (über 5 M): Laut Strickschrift D arb. Die 1.-4. R stets wdh.
Zackenstreifen A (über 10 M): Laut Strickschrift E arb. Die 1.-12. R stets wdh.
Zackenstreifen B (über 10 M): Wie Zackenstreifen A, jedoch die 7.-12. R 1 x arb, dann die 1.-12. R stets wdh.
Zopfstreifen (über 12 M): Laut Strickschrift F arb. Die 1.-4. R stets wdh.
Maschenprobe für Kissen in Dunkelblau bzw. Wollweiß: 22 M und 30 R = 10 x 10 cm;
für Kissen in Hellblau bzw. Wollweiß: 22 M und 28 R = 10 x 10 cm, jeweils leicht gedehnt gemessen.

So wird es gemacht:

Kissen in Dunkelblau bzw. Wollweiß
88 M anschlagen und in folgender Einteilung arb: Rdm, 1 M kraus re, 18 M Rautenmuster, 48 M Mittelmuster, 18 M Rautenmuster, 1 M kraus re, Rdm. Nach 80 cm = 242 R ab Anschlag für den Überschlag noch 16 cm = 48 R mustergemäß stricken.

Zeichenerklärung:

- N = 1 Noppe: aus der M 1 M re, 1 M re verschränkt und 1 M re herausstricken, wenden, 3 M li, wenden, 3 M re, wenden, 3 M li, wenden, die 3 M re verschränkt zusammenstricken
- • = 1 Noppe: aus der M 5 M herausstricken (= abwechselnd 1 M re, 1 M re verschränkt), wenden, 5 M li, wenden, 5 M re, wenden, 5 M li, wenden, die 5 M re verschränkt zusammenstricken
- I = 1M re
- x = 1M Kraus (Hin und Rück-R re stricken)
- ☐ = 1M li
- < = 1 M re verschränkt
- = 2 M nach li verkreuzen re: 1 M auf eine Zopfnadel vor die Arbeit legen, 1 M re und die M der Zopfnadel re stricken
- = 2 M nach re verkreuzen re: 1 M auf eine Zopfnadel hinter die Arbeit legen, 1 M re und die M der Zopfnadel re stricken
- = 2 M nach re verkreuzen re/li: 1 M auf eine Zopfnadel hinter die Arbeit legen, 1 M re und die M der Zopfnadel li stricken
- = 2 M nach li verkreuzen li/re: 1 M auf eine Zopfnadel vor die Arbeit legen 1 M li und die M der Zopfnadel re stricken
- = Rück-R: 2 M nach li verkreuzen li verschränkt/re: 1 M auf eine Zopfnadel vor die Arbeit legen, 1 M li verschränkt stricken und die M der Zopfnadel re str
- = 2 M nach li verkreuzen li/re verschränkt: 1 M auf eine Zopfnadel vor die Arbeit legen, 1 M li und die M der Zopfnadel re verschränkt stricken
- = 2 M nach re verkreuzen re verschränkt: 1 M auf eine Zopfnadel hinter die Arbeit legen, 1 M re verschränkt und die M der Zopfnadel re verschränkt stricken
- = Rück-R: 2 M nach re verkreuzen re/li verschränkt: 1 M auf eine Zopfnadel hinter die Arbeit legen, 1 M re stricken und die M der Zopfnadel li verschränkt stricken
- = 2 M nach re verkreuzen re verschränkt/ li: 1 M auf eine Zopfnadel hinter die Arbeit legen, 1 M re verschränkt und die M der Zopfnadel li stricken
- = 4 M nach re verkreuzen re: 2 M auf eine Zopfnadel hinter die Arbeit legen, 2 M re und die M der Zopfnadel re stricken
- = 4 M nach li verkreuzen re: 2 M auf eine Zopfnadel vor die Arbeit legen, 2 M re und die M der Zopfnadel re stricken

Strickschrift A

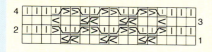

Strickschrift D

Strickschrift E

Strickschrift F

Strickschrift B

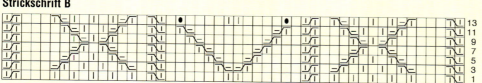

Strickschrift C

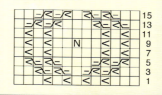

Dabei in der 277. und 289. R ab Anschlag statt der Noppen je 1 Knopfloch über 3 M arb. Dafür die M vor der Noppe, die Noppenmasche und die folgende M abketten und in der folgenden Rück-R wieder neu anschlagen. Nach 96 cm = 290 R ab Anschlag alle M abketten.
Das Teil auf 40 x 40 cm mit 16 cm Überschlag auf der Vorderseite zusammenlegen. Seitennähte (ohne Überschlag) schließen. Knöpfe annähen.

Kissen in Hellblau bzw. Wollweiß
87 M in Hellblau bzw. Wollweiß anschlagen und in folgender Einteilung arb: Rdm, 3 M glatt re, 1 M re verschränkt, 12 M Zopfstreifen, 5 M Strukturstreifen, 10 M Zackenstreifen A, 5 M Strukturstreifen, 13 M Noppenmuster, 5 M Strukturstreifen, 10 M Zackenstreifen B, 5 M Strukturstreifen, 12 M Zopfstreifen, 1 M re verschränkt, 3 M glatt re, Rdm. Nach 80 cm = 224 R ab Anschlag beiderseits je 17 M abketten und für die Lasche über den mittleren 53 M mustergemäß weiterstricken. Nach weiteren 5,5 cm = 16 R ab Beginn der Lasche beiderseits je 19 M abketten und über den restlichen 15 M nochmals 5,5 cm = 16 R mustergemäß stricken, dabei statt der Noppe ein Knopfloch wie beim dunkelblauen Kissen beschrieben einarb. Danach alle M abketten. Teil auf 40 x 40 cm mit 11 cm Überschlag auf der Vorderseite zusammenlegen. Seitennähte schließen. Knöpfe annähen.

Karos in Tweedoptik

Bodenkissen & Nackenrolle

Schwierigkeit: **
Größen: Bodenkissen 60 x 60 cm, Nackenrolle 60 cm lang, 20 cm Ø

Materialbedarf:

- „Royal Tweed" von Lana Grossa (100 % Merino, LL = 100 m/50 g): je 100 g Natur 1, Orange 22, Camel 13 und Rot 21, je 50 g Braun 17 und Rohweiß 8
- Stricknadel Nr. 6
- eventuell Häkelnadel Nr. 4
- 2 Filzplatten 63 x 70 cm
- 2 runde Filzteile mit je 21,5 cm Ø
- 2 Füllkissen 60 x 60 cm
- 1 Füllkissen 60 cm lang und 20 cm Ø

Glatt re: Hin-R re M, Rück-R li M.
Kraus re: Hin- und Rück-R re M.

Streifenfolge A: 28 R kraus re in Orange, 2 R glatt re in Braun, 12 R kraus re in Orange, 2 R glatt re in Braun, 12 R kraus re in Orange, 2 R glatt re in Braun, 28 R kraus re in Orange = insgesamt 86 R.
Streifenfolge B: Wie Streifenfolge A, jedoch statt in Orange in Camel und statt in Braun in Rohweiß arb.
Streifenfolge C glatt re: 28 R Natur, 2 R Braun, 12 R Natur, 2 R Braun, 12 R Natur, 2 R Braun, 28 R Natur = insgesamt 86 R.
Streifenfolge D glatt re: Wie Streifenfolge C, jedoch statt in Natur in Rot und statt in Braun in Rohweiß arb.
Streifenfolge E: 48 R kraus re in Orange, 2 R glatt re in Braun, 12 R glatt re in Rohweiß, 2 R glatt re in Braun, 12 R glatt re in Rohweiß, 2 R glatt re in Braun, 94 R kraus re in Orange = insgesamt 172 R.
Streifenfolge F glatt re: 48 R in Camel, 2 R in Braun, 12 R in Rohweiß, 2 R in Braun, 12 R in Rohweiß, 2 R in Braun, 94 R in Camel = insgesamt 172 R.
Maschenprobe: 15 M und 28,5 R = 10 x 10 cm.

So wird es gemacht:

Bodenkissen Orange/Natur
4 Quadrate arb. Dafür je 45 M anschlagen und je 2 Quadrate in der Streifenfolge A und C arb.

Bodenkissen Rot/Camel
4 Quadrate arb. Dafür je 45 M anschlagen und je 2 Quadrate in der Streifenfolge B und D arb.

Die Quadrate laut Abbildung zusammennähen und wie folgt mit Kettenstichen (siehe Seite 58) besticken: Beiderseits der 16., 23. und 30. M je 1 senkrechte Linie aufsticken. Bei dem Bodenkissen in Orange/Natur die Stiche in Rot, bei dem Bodenkissen in Rot/Camel die Stiche in Braun arb. Für die Rückseiten mit Hotelverschluss die Filzplatten in 2 Rechtecke von 63 x 43 und 63 x 27 cm schneiden. Je 1 Längskante 1,5 cm breit umsteppen. Die Rechtecke an den umsteppten Längskanten li auf re so aufeinander legen, dass ein Quadrat von 63 x 63 cm entsteht. Den Hotelverschluss beiderseits über 10 cm zusammensteppen. Alle Kanten 1,5 cm breit umsteppen. Kissenplatte li auf li auf die Rückseite nähen.

Nackenrolle
2 Rechtecke arb. Dafür 1 x 51 M anschlagen und in der Streifenfolge E arb und 1 x 39 M anschlagen und in der Streifenfolge F arb.

Die Rechtecke laut Abbildung zusammennähen und wie folgt mit Kettenstichen (siehe Seite 58) besticken: Beiderseits der Nahtlinie sowie beiderseits der 7. M ab Nahtlinie je 1 senkrechte Linie aufsticken. Die Stiche in Rot arb.
Anschlag- und Abkettrand zusammennähen. Die runden Filzteile ringsum 1,5 cm breit umsteppen und beiderseits einnähen, zuvor das Füllkissen einlegen.

Dekorativ aufbewahrt

Deko-Behälter

Schwierigkeit: **
Größen: Apfelkorb: 16 cm breit, 16 cm tief, 15 cm hoch, Flaschenhülle 10 cm breit, 10 cm tief, 14 cm hoch, Nusskorb: 23 cm breit, 8,5 cm tief, 7 cm hoch

Materialbedarf:

- „Numero Uno Tweed" von Lana Grossa (100 % Schurwolle, LL = 125 m/50 g): 400 g Natur 301 und 100 g Camel 321
- Tunesische Häkelnadel Nr. 3,5
- Häkelnadel Nr. 3,5

Achtung: Alle Teile mit doppelter Wolle arb!

Grundmuster: Tunesisches Häkeln, siehe Lehrgang Seite 59.
Streifenfolge A: 11 R Natur, 2 R Camel, 12 R Natur, 2 R Camel, 11 R Natur.
Streifenfolge B: 5 R Camel, * 2 R Natur, 2 R Camel, ab * 5 x wdh, 2 R Natur, 5 R Camel
Streifenfolge C: 13 R Natur, 5 R Camel
Randabschluss: 1. Rd: Kettmaschen, dabei wie beim Tunesischen Häkeln einstechen. Die Rd mit 1 Kettmasche in die 1. Kettmasche schließen.
2. Rd. 1 zusätzliche Lftm arb, 1 fe M in die 1. M, 1 Lftm, 1 M übergehen, * 1 fe M in die folgende M, 1 Lftm, 1 M übergehen, ab * stets wdh, die Rd mit 1 Kettmasche in die 1. M schließen. **3. Rd:** 1 zusätzliche Lftm, dann um jede Lftm der Vor-Rd 1 Krebsmasche (= fe M von li nach re gehend) und 1 Lftm arb. Die Rd mit 1 Kettmasche in die 1. Krebsmasche schließen.
Maschenprobe: 16 M und 25,5 R im Grundmuster mit doppelter Wolle = 10 x 10 cm.

So wird es gemacht:

Apfelkorb

Für die Seitenwände (4 x arb) je 26 M in Natur anschlagen und im Grundmuster in der Streifenfolge A arb. Nach 38 R die Arbeit beenden. Für den Boden 26 M in Natur anschlagen und im Grundmuster arb. Nach 16 cm = 42 R ab Anschlag die Arbeit beenden. Die Seitenwände auf der re Seite in Camel wie folgt zusammenhäkeln: Jeweils durch die Schlingen der aufeinander treffenden Rdm einstechen, den Faden durchziehen und 1 Kettmasche arb. Die Naht von beiden Seiten mit Kettmaschen zusammenhäkeln. Den Boden genauso einhäkeln. Um den oberen Rand den Randabschluss in Camel arb.

Flaschenhülle

Für die Seitenwände (4 x arb) je 15 M in Camel anschlagen und im Grundmuster in der Streifenfolge B arb. Nach 14 cm = 36 R ab Anschlag die Arbeit beenden. Für den Boden 15 M in Natur anschlagen und im Grundmuster arb. Nach 9 cm = 24 R ab Anschlag die Arbeit beenden. Den Behälter wie beim großen Behälter beschrieben in Natur zusammenhäkeln. Den Randabschluss in Natur arb.

Nusskorb

Für die Vorder- und Rückseite je 36 M in Natur anschlagen und im Grundmuster in der Streifenfolge C arb. Nach 7 cm = 18 R ab Anschlag die Arbeit beenden. Für die Seitenwände (2 x arb) 13 M in Natur anschlagen und im Grundmuster in der Streifenfolge C arb. Nach 7 cm = 18 R ab Anschlag die Arbeit beenden. Für den Boden 36 M in Natur anschlagen und im Grundmuster arb. Nach 8,5 cm = 22 R ab Anschlag die Arbeit beenden. Den Behälter wie beim großen Behälter beschrieben in Camel zusammenhäkeln. Den Randabschluss in Natur arb.

Zum Reinkuscheln

Decke

Schwierigkeit: *
Größe: 122 x 177 cm

Materialbedarf:

- „Pep" von Lana Grossa (80 % Microfaser, 20 % Polyamid, LL = 110 m/50 g): 700 g Kirschrot 49, 300 g Bordeaux 33, je 100 g Feuerrot 5 und Orangegelb 25
- „Rotonda" von Lana Grossa (100 % Microfaser, LL = 130 m/50 g): 350 g Rot 6
- Stricknadel Nr. 3,5 und 5

Kraus re: Hin- und Rück-R re M.
Glatt re: Hin-R re M, Rück-R li M.
Maschenprobe kraus re mit „Pep" und Nadel Nr. 5: 16 M und 28,5 R = 10 x 10 cm; **glatt re mit „Rotonda" und Nadel Nr. 3,5:** 24 M und 32 R = 10 x 10 cm.

So wird es gemacht:

Achtung: Die Teile werden in unterschiedlicher Strickrichtung gearb. Die Pfeile in der Schemazeichnung zeigen die Strickrichtung an.

Innenteil: 62 M in Kirschrot anschlagen und je 14 cm = 40 R kraus re in Kirschrot, Orangegelb, Feuerrot, Kirschrot, Orangegelb und Feuerrot stricken, dann alle M abketten.

Mittelteil: 196 M in Bordeaux anschlagen und kraus re stricken. Nach 19 cm = 54 R ab Anschlag die mittleren 134 M abketten und beiderseits über die je 31 M getrennt 38 cm = 108 R weiterarb. Danach mit einem Zwischenanschlag von 134 M nochmals 19 cm = 54 R über alle M stricken, dann die M abketten.

Außenteil: 192 M in Kirschrot anschlagen und kraus re stricken. Nach 26,5 cm = 76 R ab Anschlag die mittleren 122 M abketten und beiderseits über die je 35 M getrennt 122 cm = 348 R weiterarb. Danach mit einem Zwischenanschlag von 122 M nochmals 26,5 cm = 76 R über alle M stricken, dann die M abketten. Für die 4 Blenden in Rot je 24 M anschlagen und glatt re stricken. Je 2 Blenden nach 122 cm und 175 cm abketten.

Das Innenteil mit Matratzenstichen in das Mittelteil und dieses in das Außenteil nähen.

Die längeren Blenden auf die Hälfte legen und die Längsseiten der Decke damit einfassen. Dabei die Decke ca. 4 cm zwischenfassen und knappkantig am inneren Rand der Blende durchsteppen (siehe Schemazeichnung). Die kürzeren Blenden auf die Hälfte legen und die Schmalseiten der Decke einschließlich der Blenden damit einfassen.

Schemazeichnung

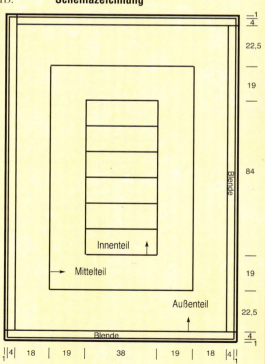

Flauschiger Blickfang

Kissen

Schwierigkeit: **
Größe: 40 x 40 cm

Materialbedarf:

- „Pep" von Lana Grossa (80 % Microfaser, 20 % Polyamid, LL = 110 m/50 g): je 250 g Bordeaux 33 und Kirschrot 49, 200 g Orange 6, je 50 g Feuerrot 5 und Orangegelb 25
- Stricknadel Nr. 5
- 3 Reißverschlüsse, 30 cm lang
- 3 Füllkissen, 40 x 40 cm

Zählmuster 2

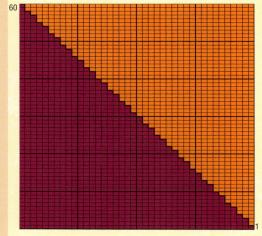

Kissen in Bordeaux mit gestreifter Mitte

Kraus re: Hin- und Rück-R re M.
Streifenfolge kraus re: je 18 R Bordeaux, Orangegelb, Feuerrot, Kirschrot, Orangegelb, Feuerrot, Kirschrot und Bordeaux = insgesamt 144 R.
Maschenprobe: 20 M und 36 R = 10 x 10 cm.

So wird es gemacht:

Vorderseite: 82 M in Bordeaux anschlagen und kraus re stricken, dabei über den mittleren 40 M in der Streifenfolge arb, die restlichen M beiderseits in Bordeaux. Beim Farbwechsel innerhalb der R die Fäden auf der Rückseite der Arbeit verkreuzen, damit keine Löcher entstehen. Nach 40 cm = 144 R ab Anschlag alle M abk.
Rückseite: Genauso arb.

Die Teile re auf re aufeinander legen, die Seitennähte schließen. Dabei an der unteren Seitennaht die mittleren 30 cm als Reißverschlussschlitz offen lassen. Bezug wenden. Reißverschluss einnähen. Füllkissen einlegen.

Patchwork-Kissen

Glatt re: Hin-R re M, Rück-R li M.
Farbflächen: Laut Zählmuster 1 arb. Für jede Farbfläche ein gesondertes Knäuel verwenden und beim Farbwechsel die Fäden auf der Rückseite der Arbeit miteinander verkreuzen, damit keine Löcher entstehen. Die gezeichneten 80 M und die 1.-104. R je 1 x arb. Die Rdm sind nicht eingezeichnet.
Maschenprobe: 20 M und 26 R = 10 x 10 cm.

So wird es gemacht:

Vorderseite: 11 M in Orange und 71 M in Feuerrot anschlagen und zwischen den Rdm nach dem Zählmuster 1 arb. Nach 104 R ab Anschlag alle M abk.
Rückseite: Genauso arb, jedoch die Farben Orange und Feuerrot tauschen.

Das Kissen fertig stellen wie beim bordeauxfarbenen Kissen beschrieben.

Zeichenerklärung:

- ▨ = Feuerrot
- ▨ = Orange
- ▨ = Kirschrot
- ▨ = Bordeaux
- ▨ = Orangegelb

1 Kästchen = 1 M und 2 R

Zählmuster 1

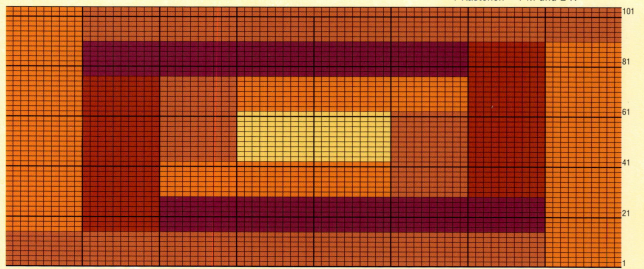

Rotes Kissen mit Dreiecken

Perlmuster: 1 M re, 1 M li im Wechsel, nach jeder R versetzt stricken.
Dreiecke: Laut Zählmuster 2 arb. Für jede Farbfläche ein gesondertes Knäuel verwenden und beim Farbwechsel die Fäden auf der Rückseite der Arbeit verkreuzen, damit keine Löcher entstehen. Die gezeichneten 40 M und 60 R je 1 x arb.

Maschenprobe: 20 M und 30 R = 10 x 10 cm.

So wird es gemacht:

Vorderseite: 82 M in Feuerrot anschlagen und 10 cm = 30 R im Perlmuster stricken. Anschließend über den mittleren 20 M die Dreiecke nach dem Zählmuster 2 einarb, restliche M beiderseits wie bisher stricken. Nach 20 cm = 60 R ab Beginn des Zählmusters über alle M nochmals 10 cm = 30 R in Rot arb, dann alle M abketten, wie sie erscheinen.
Rückseite: Genauso arb. wie die Vorderseite

Das Kissen fertig stellen wie beim bordeauxfarbenen Kissen beschrieben.

Warme Füße für alle

Hausschuhe

Schwierigkeit: **
Größen: 37/38 (40/41) 43/44

Materialbedarf:

- „Bingo Chiné" von Lana Grossa (100 % Schurwolle, LL = 80 m/50 g): je 100 g Braun meliert 509 und Marine meliert 506
- Stricknadel Nr. 4,5
- passende Ledersohlen für Hüttenschuhe mit vorgestanzten Löchern
- eventuell Gummilitze

Kraus re: Stets re M stricken.
Rippenmuster: 2 M re, 2 M li im Wechsel. In den Rück-R die M stricken, wie sie erscheinen.
Maschenprobe kraus re: 16 M und 30 R = 10 x 10 cm; **im Rippenmuster:** 16 M und 23 R = 10 x 10 cm (leicht gedehnt gemessen).

Achtung: Die Angaben für die mittleren Größe stehen in Klammern, für die größte Größe dahinter. Ist nur eine Angabe gemacht, so gilt sie für alle Größen.

So wird es gemacht:

14 (15) 16 M in Braun bzw. Marine meliert anschlagen und kraus re stricken. Nach 14,5 cm = 44 R (16,5 cm = 50 R) 18,5 cm = 56 R ab Anschlag die M stilllegen und ein 2. Teil genauso arb. Danach im Zusammenhang über alle 28 (30) 32 M im Rippenmuster arb, dabei mit 1 (2) 1 M re beginnen. Nach 7,5 cm = 18 R (8,5 cm = 20 R) 9,5 cm = 22 R ab Zusammenschluss beiderseits 1 x 1 M abnehmen. Danach 2 (3) 4 x in jeder 2. R und 7 x in jeder R je 1 M abnehmen. Die restlichen 8 M nach 13 cm = 30 R (14,5 cm = 34 R) 16,5 cm = 38 R ab Zusammenschluss abketten.

Fersennaht schließen. Den Schaft mit 1 Rd fe M umhäkeln. Die Runde mit 1 Kettmasche in die 1. fe M schließen. Beim braunen Schuh danach noch 1 Häkelrunde wie folgt arb: 1 zusätzliche Lftm arb, dann in die 1. M 1 Büschel arb (= 1 fe M, 1 Stb, 1 fe M), 1 M der Vor-Rd übergehen, * in die folgende M 1 Büschel arb, 1 M der Vor-Rd übergehen, ab * stets wdh. Die Rd mit 1 Kettmasche in die 1. fe M schließen.
Beim braunen Schuh an der rückwärtigen Fersenmitte 1 Schlaufe anhäkeln. Dafür mit 1 Kettmasche in der Fersenmitte anschlingen, 12 Lftm arb und diese mit fe M behäkeln und zur Schlaufe gelegt an der Fersenmitte befestigen.
Die Sohle mit doppeltem Faden durch die vorgestanzten Löcher an die Schuhoberseite nähen.

Kinderschuhe

Schwierigkeit: **
Größe: 26/27 (29/30) 32/33

Materialbedarf:

- „Bingo Print" von Lana Grossa (100 % Schurwolle, LL = 80 m/50 g): 100 g Pink meliert 304
- Stricknadel Nr. 4,5
- passende Ledersohlen für Hüttenschuhe mit vorgestanzten Löchern
- bunte Perlen, 4,5 mm Ø
- passendes Nähgarn

Kraus re: Stets re M stricken.
Rippenmuster: 2 M re, 2 M li im Wechsel. In den Rück-R die M stricken, wie sie erscheinen.
Maschenprobe kraus re: 16 M und 30 R = 10 x 10 cm; **im Rippenmuster:** 16 M und 23 R = 10 x 10 cm (leicht gedehnt gemessen)

Achtung: Die Angaben für die mittleren Größe stehen in Klammern, für die größte Größe dahinter. Ist nur eine Angabe gemacht, so gilt sie für alle Größen.

So wird es gemacht:

11 (12) 13 M anschlagen und kraus re stricken. Nach 10 cm = 30 R (11 cm = 34 R) 12 cm = 36 R ab Anschlag die M stilllegen und ein 2. Teil genauso arb. Danach im Zusammenhang über alle 22 (24) 26 M im Rippenmuster arb, dabei mit 2 (1) 2 M re beginnen. Nach 5 cm = 12 R (6 cm = 14 R) 7 cm = 16 R ab Zusammenschluss beiderseits 1 x 1 M abnehmen. Danach 1 (2) 2 x in jeder 2. R und 7 (7) 8 x in jeder R je 1 M abnehmen. Die restlichen 4 M nach 10 cm = 23 R (11,5 cm = 27 R) 13 cm = 30 R ab Zusammenschluss abketten.

Fersennaht schließen. Den Schaft mit 1 Rd fe M umhäkeln. Die Rd mit 1 Kettmasche in die 1. fe M schließen. Danach noch 1 Häkelrunde wie folgt arb: 1 zusätzliche Lftm arb, dann in die 1. M 1 Büschel arb (= 1 fe M, 1 Stb, 1 fe M), 1 M der Vor-Rd übergehen, * in die folgende M 1 Büschel arb, 1 M der Vor-Rd übergehen, ab * stets wdh. Die Rd mit 1 Kettmasche in die 1. fe M schließen. Auf jedes Häkelbüschel mit dem Nähgarn 2 verschiedenfarbige Perlen nähen. Die Sohle mit doppeltem Faden durch die vorgestanzten Löcher an die Schuhe nähen.

Tipp:
Rutscht Ihnen der Schuh beim Laufen über die Ferse, dann ein Stückchen Gummilitze ca. 5 cm re und li der Fersenmitte von innen gegennähen.

XXL-Schals zum Kuscheln

Stola in Camel

*Schwierigkeit: ***
Größe: 82 x 210 cm

Materialbedarf:

- „Cool Wool" von Lana Grossa (100 % Schurwolle, LL = 160 m/50 g): 1000 g Camel 434
- Stricknadel Nr. 4
- Häkelnadel Nr. 3,5

Perlmuster: 1 M re, 1 M li im Wechsel, nach jeder R versetzt stricken.
Blattmuster: M-Zahl teilbar durch 19. Laut Strickschrift arb. Es sind nur die Hin-R gezeichnet. In den Rück-R alle M und Umschläge li stricken. Mit den M vor dem MS beginnen, den MS stets wdh, enden mit den M nach dem MS. Die 1.-34. R 1 x arb, dann die 3.-34. R stets wdh.
Maschenprobe: 18,5 M und 25,5 R = 10 x 10 cm.

So wird es gemacht:

153 M anschlagen und 5 cm im Perlmuster stricken. Danach wie folgt weiterarb: Rdm, 9 M Perlmuster, 133 M Blattmuster, 9 M Perlmuster, Rdm. Nach 205 cm ab Anschlag (es sollte mit einer 8. R der Strickschrift geendet werden) nochmals über alle M 5 cm im Perlmuster stricken, dann alle M abketten, wie sie erscheinen.

Die Stola mit 1 Rd Krebsmaschen (= fe M von li nach re gehend) umhäkeln.

Stola in Rohweiß

*Schwierigkeit: ****
Größe: 52 x 162 cm

Materialbedarf:

- „Estivo" von Lana Grossa (85 % Baumwolle, 15 % Polyamid, LL = 150 m/50 g): 550 g Rohweiß 1
- Tunesische Häkelnadel Nr. 4,5
- Häkelnadel Nr. 4

Grundmuster: Tunesisches Häkeln (siehe Seite 59).
Lochmuster: 1. R: Wie beim Grundmuster beschrieben, die Schlingen durchholen. **2. R:** 3 Lftm und den Faden durch 5 auf der Nadel liegende Schlingen ziehen, * 6 Lftm und den Faden durch 5 auf der Nadel liegende Schlingen ziehen, ab * stets wdh, enden mit 4 Lftm. Achtung! Aus der jeweils zuletzt gearbeiteten Lftm jedes Lftm-Bogens in der folgenden R keine Schlinge aufnehmen, da sich diese Lftm „unter" den 5 zusammen abgehäkelten Schlingen befindet. **3. R:** Aus 3 Lftm des 1. Lftm-Bogens je 1 Schlinge holen, * aus 5 Lftm des folgenden Lftm-Bogens je 1 Schlinge holen, ab * stets wdh, aus 2 Lftm des letzten Lftm-Bogens 2 Schlingen holen. **4. R:** Die M wie beim Grundmuster beschrieben abhäkeln. **5.-12. R:** Die 1.-4. R 2 x arb. **13.-24. R:** Grundmuster. Die 1.-24. R stets wdh. **Maschenprobe im Lochmuster:** 21 M und 33,5 R = 10 x 10 cm.

So wird es gemacht:

105 Lftm anschlagen und für die Randblende 14 R im Grundmuster arb. Danach wie folgt weiterarb: 5 M Grundmuster, 95 M Lochmuster, 5 M Grundmuster. Nach 154 cm ab Randblende (es sollte mit der 12. R geendet werden) noch über alle M 14 R im Grundmuster arb, dann alle M mit 1 R Kettmaschen abhäkeln.

Für den Randabschluss die Stola mit 1 Rd Picots wie folgt umhäkeln: 1 fe M, 1 Picot (= 3 Lftm und 1 fe M zurück in die 1. Lftm), 1 in Einstichstelle übergehen, * 1 fe M in die folgende Einstichstelle, 1 Picot, 1 Einstichstelle übergehen, ab * stets wdh. Die Rd mit 1 Kettmasche in die 1. fe M schließen.

Strickschrift

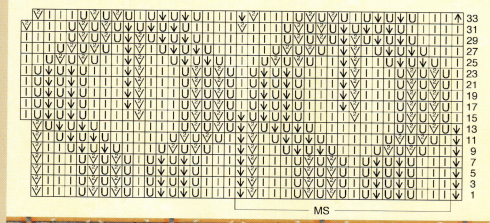

Zeichenerklärung:

- ⊡ = 1M re
- ⊍ = 1 Umschlag
- ⊘ = 2 M re zusammenstricken
- ↓ = 1 Überzug: 1 M abheben, 1 M re stricken und die abgehobene M darüber ziehen
- ↑ = 1 doppelter Überzug, so dass die Mittel-M obenauf liegt: 2 M zusammen wie zum Restricken abheben, 1 M re stricken, dann die beiden abgehobenen M darüber ziehen

Patchwork im Sixties-Look

Decke

Schwierigkeit: **
Größen: Decke 120 x 205 cm, Quadrat 17 x 17 cm

Materialbedarf

- „Numero Uno" von Lana Grossa (100 % Schurwolle, LL = 125 m/50 g): 400 g Blau 34, 300 g Gelb 42, 250 g Grün 93, je 200 g Rot 39, Lila 95, Wollweiß 2 und Orange 87
- Häkelnadel Nr. 4,5

Häkelquadrat: 5 Lftm in Wollweiß anschlagen, mit 1 Kettmasche zum Ring schließen und laut Häkelschrift arb. Die 1. und 2. Rd jeweils in Wollweiß arb. Die Farben der 3. und 4. sowie der 5. und 6. Rd jeweils aus der Schemazeichnung entnehmen.

Maschenprobe:
1 Häkelquadrat = 17 x 17 cm

Kissen

Schwierigkeit: **
Größe: 34 x 34 cm

Materialbedarf:

- „Numero Uno" von Lana Grossa (100 % Schurwolle, LL = 125 m/50 g): 150 g Blau 34
- Häkelnadel Nr. 4,5
- 3 Knebelknöpfe in Blau
- Einlegekissen

Häkelquadrat und Maschenprobe: Siehe Decke, jedoch die Quadrate nur in Blau häkeln.

So wird es gemacht:

8 Quadrate häkeln. Die Quadrate wie bei der Decke beschrieben zum Rechteck von 2 x 4 Quadraten zusammennähen. Das Rechteck auf die Hälfte legen und die Seitenkanten sowie die äußeren 7 cm der oberen Kante zusammennähen, die mittleren 20 cm offen lassen. Die 3 Knöpfe direkt an die offene Kante nähen und durch die 1. Rd knöpfen.

Häkelschrift

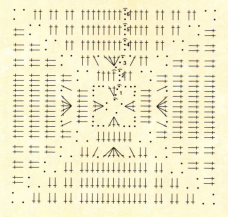

Zeichenerklärung Häkelschrift:

- • = 1 Lftm
- ↑ = 1 Kettm
- † = 1 Stb

Laufen die Zeichen unten zusammen, werden die M in 1 Einstichstelle gearb.

Zeichenerklärung Schemazeichnung:

- A = Wollweiß/Gelb/Blau
- B = Wollweiß/Grün/Orange
- C = Wollweiß/Rot/Lila
- D = Wollweiß/Orange/Gelb
- E = Wollweiß/Lila/Grün
- F = Wollweiß/Blau/Rot
- G = Wollweiß/Grün/Gelb

Schemazeichnung

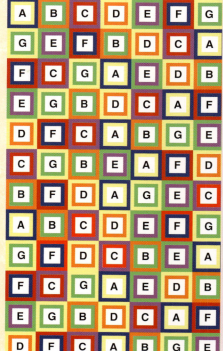

So wird es gemacht:

Je 12 Quadrate in den Farbfolgen A–G häkeln = 84 Quadrate. Die Quadrate laut Schemazeichnung mit dem Endfaden der 6. Rd zusammennähen, dabei nur die hinteren Maschenglieder zusammenfassen. Die gesamte Decke in Blau mit je 1 Rd fe M und Krebsmaschen (= fe M von li nach re gehend) umhäkeln, dabei in der 1. Rd in den Ecken 3 fe M in 1 Einstichstelle arb. Bei den Krebsmaschen stets 1 M in der 1. Rd übergehen.

Tolle Taschen im Stil der 60er

Häkelquadrat und Maschenprobe: siehe Einkaufstasche

So wird es gemacht:

8 Häkelquadrate laut Häkelschrift arb. Dabei 4 Quadrate wie folgt arb: Anschlag und 1. Rd in Weiß, 2. Rd in Schwarz, 3. und 4. Rd in Weiß. Bei den übrigen 4 Quadraten die Farben tauschen.

Alle Quadrate wie die oberen 4 Quadrate der Einkaufstasche mit 1 Rd fe M in Schwarz umhäkeln. Für Vorder- und Rückseite je 4 Quadrate laut Abbildung zusammenstellen und zusammennähen, dabei jeweils nur das untere Maschenglied fassen. Beide Teile zusätzlich mit 1 Rd fe M in Weiß umhäkeln, dabei in den Ecken stets 3 fe M in 1 Einstichstelle arb. Vorder- und Rückseite zusammennähen, dabei jeweils nur das hintere Maschenglied fassen. Nun über den gesamten oberen Taschenrand noch 1 Rd Krebsmaschen in Schwarz arbeiten, dabei stets 1 M übergehen. Mittig an einer Kante 1 Knopflochschlinge aus 8 Lftm arb. Knopf annähen. Aus je 8 schwarzen und 12 weißen Fäden eine ca. 160 cm lange Kordel drehen und die Enden verknoten. Die Kordel laut Abbildung an die Seitennähte der Tasche nähen.

Einkaufstasche

Schwierigkeit: **
Größen: Tasche 38 x 43 cm, Häkelquadrat 8 x 8 cm

Materialbedarf:

- „Toccata" von Lana Grossa (100 % Baumwolle, LL = 110 m/50 g): 150 g Schwarz 30, 100 g Blau 180, je 50 g Orange 202, Gelb 77, Weiß 1, Pink 170, Türkis 183
- 1 Baumwolleinkaufstasche in Weiß, 38 x 42 cm
- Häkelnadel Nr. 3,5

Häkelquadrat: 5 Lftm anschlagen, mit 1 Kettmasche zum Ring schließen und laut Häkelschrift arb. Nach der 4. Rd die Arbeit beenden.
Alle Häkelquadrate sind dreifarbig. Anschlag und 1. R = 1. Farbe, 2. Rd = 2. Farbe, 3. und 4. Rd = 3. Farbe.

Maschenprobe:
1 Häkelquadrat = 8 x 8 cm

Handtäschchen

Schwierigkeit: **
Größe: 19 x 19 cm

Materialbedarf:

- „Toccata" von Lana Grossa (100 % Baumwolle, LL = 110 m/50 g): je 100 g Weiß 1 und Schwarz 30
- Häkelnadel Nr. 3,5
- 1 Knopf

Häkelschrift

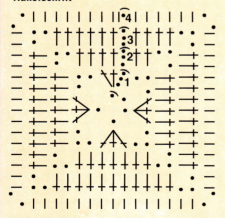

Zeichenerklärung Häkelschrift:

- • = 1 Lftm
- ⌒ = 1 Kettm
- + = 1 fe M
- † = 1 Stb

Zeichenerklärung Schemazeichnung

- ■ = Pink
- □ = Weiß
- ■ = Orange
- ■ = Türkis
- ■ = Blau
- ■ = Gelb
- — = 1 R fe M in Schwarz

Schemazeichnung

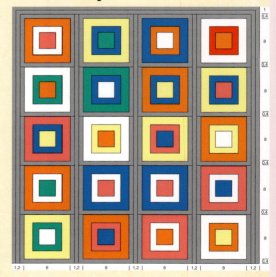

So wird es gemacht:

Je 2 Quadrate in derselben Farbfolge laut Schemazeichnung und Häkelschrift häkeln = 40 Quadrate insgesamt. Zwischen den Quadraten liegen in der Senkrechten je 3 R fe M in Schwarz (= 1,2 cm in der Schemazeichnung), in der Waagrechten je 1 R fe M (= 0,4 cm in der Schemazeichnung).

Für die Vorderseite zunächst die oberen 4 Quadrate laut Schemazeichnung mit 1 Rd fe M in Schwarz wie folgt behäkeln: In jede feste Masche der Vor-Rd 1 fe Masche häkeln. An den Ecken jeweils in den Lftm-Bogen 1 fe M, 1 Lftm und 1 fe M arbeiten. Die restlichen 16 Quadrate genauso behäkeln, jedoch nur an 3 Seiten.

Nun für die senkrechten Streifen je 5 Quadrate laut Schema zusammenstellen. Bei den dreiseitig behäkelten Quadraten liegt die unbehäkelte Seite jeweils oben.
Diese 5 Quadrate jeweils in Schwarz zusammennähen, dabei stets nur das hintere Maschenglied fassen.

Den 1. Streifen senkrecht am li Rand mit 2, am re Rand mit 1 R fe M in Schwarz behäkeln, die mittleren Streifen jeweils nur an der re Seite mit 1 R fe M behäkeln. Den re Streifen am re Rand mit 2 R fe M behäkeln. Die senkrechten Streifen zusammennähen, dabei jeweils nur das hintere Maschenglied fassen.
Die Rückseite genauso arb. Vorder- und Rückseite zusammennähen, dabei jeweils nur das hintere Maschenglied fassen.

Nun über den gesamten oberen Taschenrand noch 2 Rd fe M in Schwarz und 1 Rd Krebsmaschen (= fe M von li nach re) häkeln, dabei in der 3. Rd stets 1 M übergehen. Für die Henkel jeweils eine 40 cm

lange Lftm-Kette in Schwarz mit 7 R fe M behäkeln, dabei jede R mit 1 zusätzlichen Lftm wenden. Anschließend die Henkel rundum mit 1 R Krebsmaschen in Orange bzw. Blau umhäkeln. Die Baumwolltasche auf li wenden, die Henkel abschneiden und die Tasche in die Häkeltasche schieben. Den Rand ca. 2 cm unterhalb der Häkeltaschenkante anstaffieren. Dann die Henkel mit je ca. 8 cm Abstand zur Seitennaht ca. 2 cm tief unter den oberen Taschenrand nähen.

Mit provençalischem Flair

Teppich

Schwierigkeit: **
Größe: 100 cm Ø

Materialbedarf:
- „Multicot" von Lana Grossa (60 % Schurwolle, 40 % Microfaser, LL = 80 m/50 g): 650 g Vanille 43
- „Multicot Print" von Lana Grossa (60 % Schurwolle, 40 % Microfaser, LL = 80 m/50 g): 350 g Apricot meliert 504
- Nadel-Spiel Nr. 5
- kurze und lange Rundstrick-Nadel Nr. 5
- Häkel-Nadel Nr. 5
- Antirutsch-Teppichstopp-Gitter in entsprechender Größe

Muster: Laut Strickschrift arb. Es sind nur die ungeraden Rd gezeichnet. In den geraden Rd alle M und Umschläge re stricken. Die gezeichneten M pro Rd 8 x arb.

So wird es gemacht:

8 M mit dem Nadel-Spiel mit je 1 Faden Vanille und Apricot meliert anschlagen, auf 4 Nadeln verteilt zur Rd schließen und nach der Strickschrift arb. Nach 84 Rd ab Anschlag = mit Beenden der Strickschrift die M mit doppeltem Faden in Vanille mit fe M abhäkeln, die Rd mit 1 Kettmasche in die 1. fe M schließen. Danach noch 5 Rd fe M arb, dabei zu Beginn jeder Rd 1 zusätzliche Lftm arb.

Teppich spannen, anfeuchten und trocknen lassen. Aus 4-facher Wolle in Vanille ca. 5 cm lange Fransen in jede 2. M einknüpfen. Antirutsch-Teppichstopp-Gitter passend zuschneiden und unter den Teppich nähen, dabei das Gitter am Teppich entlang der Außenkante und zusätzlich von der Mitte ausgehend zum Rand hin fixieren.

Strickschrift

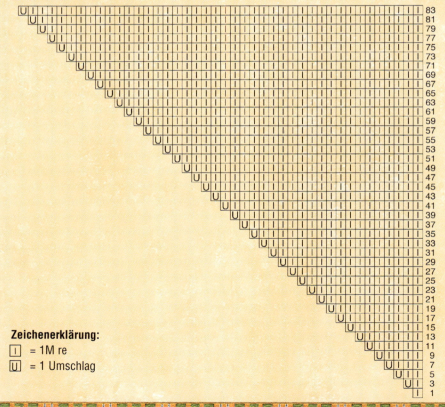

Zeichenerklärung:
- I = 1 M re
- U = 1 Umschlag

Ajour in frischen Pastelltönen

Kissen

Schwierigkeit: **
Kissengrößen: quadratisch:
40 x 40 cm, rund: 40 cm Ø

Materialbedarf:

- „Multicot" von Lana Grossa (60 % Schurwolle, 40 % Microfaser, LL = 80 m/50 g): je 250 g Apricot 52, Terracotta 49 und Vanille 43
- Schnellstrick-Nadeln Nr. 4
- Nadel-Spiel Nr. 5
- Rundstrick-Nadel Nr. 5
- je 1 passender Reißverschluss, 30 cm lang
- passende Füllkissen

Glatt re: Hin-R re M, Rück-R li M.

Muster 1: M-Zahl teilbar durch 10 + 1 M extra + 2 Rdm. Laut Strickschrift 1 arb. Es sind nur Hin-R gezeichnet. In den Rück-R alle M und Umschläge li stricken. Mit 1 Rdm und den M vor dem MS beginnen, den MS stets wiederholen, enden mit den M nach dem MS und 1 Rdm. In der Höhe die 1.-16. R stets wdh.

Muster 2: Laut Strickschrift 2 in Rd arb. Es sind nur die ungeraden Rd gezeichnet. In den geraden Rd alle M und Umschläge re stricken. Die gezeichneten M pro Rd 4 x arb.

Muster 3: Wie Muster 2, jedoch nach Strickschrift 3 arb. Die gezeichneten M pro Rd 8 x arb.

Maschenprobe im Muster 1:
15,5 M und 22 R = 10 x 10 cm.

So wird es gemacht:

Quadratisches Kissen in Terracotta
Vorderteil: 63 M anschlagen und im Muster 1 arb. Nach 40 cm = 88 R ab Anschlag alle M abketten.
Rückenteil: 63 M anschlagen und glatt re stricken. Nach 20 cm ab Anschlag für den Reißverschluss-Schlitz die mittleren 45 M abketten und in der folgende Rück-R wieder neu anschlagen. Nach 40 cm ab Anschlag alle M abketten.

Rücken- und Vorderteil zusammennähen. Reißverschluss einsetzen.

Quadratisches Kissen in Apricot
Vorderteil: 8 M mit dem Nadel-Spiel anschlagen, auf 4 Nadeln verteilt zur Rd schließen und im Muster 2 arb. Nach 58 Rd ab Anschlag alle M abketten.
Rückenteil: Wie beim Kissen in Terracotta arb und fertig stellen.

Rundes Kissen in Vanille
Vorderteil: 8 M mit dem Nadel-Spiel anschlagen, auf 4 Nadeln verteilt zur Rd schließen und im Muster 3 arb. Nach 58 Rd ab Anschlag alle M abketten.
Rückenteil: Genauso arb.

Rücken- und Vorderteil zusammennähen, dabei für den Reißverschluss 30 cm offen lassen. Reißverschluss einnähen.

Zeichenerklärung:
- $\boxed{|}$ = 1 M re
- $\boxed{U}$ = 1 Umschlag
- = 2 M re zusammenstricken
- = 1 Überzug: 1 M abheben, 1 M re stricken und die abgehobene M darüber ziehen
- = 1 doppelter Überzug, 1 M abheben, 2 M re zusammenstricken und die abgehobene M darüber ziehen

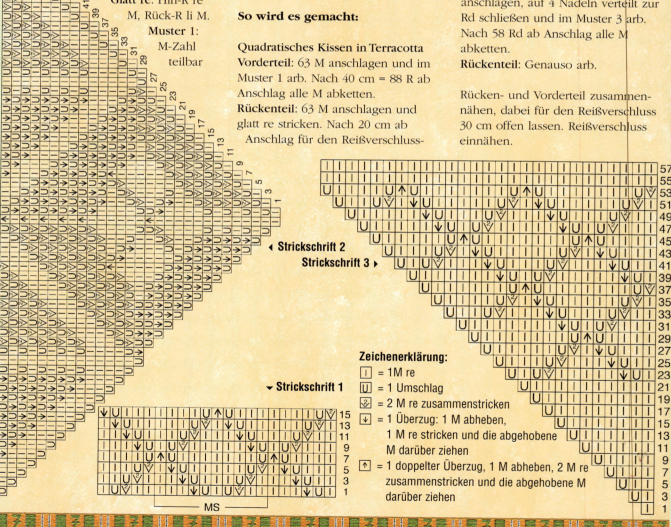

Strickschrift 2
Strickschrift 3
Strickschrift 1

Gute-Laune-Frühstückstisch

- Häkelnadel Nr. 3,5

Grundmuster: Tunesisches Häkeln, siehe Lehrgang Seite 59.
Streifenfolge: * 2 R Apfel, 4 R Mittelgrün, 2 R Weiß, 4 R Mittelgrün, 2 R Apfel, 4 R Weiß, ab * stets wdh.
Maschenprobe: 23 M und 43 R = 10 x 10 cm.

So wird es gemacht:

70 M in Apfel anschlagen und in der Streifenfolge arb. Nach 176 R ab Anschlag die Arbeit beenden. Für den Randabschluss das ganze Set in Apfel mit 1 Rd fe M umhäkeln, dabei in den Ecken je 3 fe M in 1 Einstichstelle arb. Die Rd mit 1 Kettmasche in die 1. fe M schließen. Anschließend noch 1 Rd Picots wie folgt arb: 1 zusätzliche Lftm arb, 1 fe M in die 1. fe M, 1 Picot (= 3 Lftm und 1 fe M zurück in die 1. Lftm), 1 fe M übergehen, * 1 fe M in die folgende fe M, 1 Picot, 1 fe M übergehen, ab * stets wdh. Die Rd mit 1 Kettmasche in die 1. fe M schließen.

Serviettenringe

Schwierigkeit: *
Größe: 8 x 10 cm

Materialbedarf:
- „Toccata" von Lana Grossa (100 % Baumwolle, LL = 110 m/50 g): je 50 g Mittelgrün 178, Apfel 196 und Weiß 1
- Häkelnadel Nr. 3,5
- 2 eiförmige Knöpfe, grün mit gelben Punkten

Grundmuster: Fe M, dabei in den Hin-R jeweils in das hintere, in den Rück-R in das vordere M-Glied einstechen.
Streifenfolge A: 6 R Mittelgrün, 4 R Weiß, 4 R Apfel, 4 R Mittelgrün, 4 R Weiß, 2 R Apfel.
Streifenfolge B: 8 R Apfel, 3 R Mittelgrün, 2 R Weiß, 3 R Mittelgrün, 8 R Apfel.
Maschenprobe: 23 M und 24 R = 10 x 10 cm.

So wird es gemacht:

40 M anschlagen und in der Streifenfolge A bzw. B arb. Nach 24 R ab Anschlag die Arbeit beenden.

Die Seitenkanten mit 1 R fe M in Apfel bzw. Weiß behäkeln, dabei 1 Knopflochschlinge einarb. Dafür 2 Einstichstellen mit 4 Lftm übergehen. Knopf annähen.

Tisch-Set

Schwierigkeit: **
Größe: 32 x 42 cm

Materialbedarf:
- „Toccata" von Lana Grossa (100 % Baumwolle, LL = 110 m/50 g): je 150 g Mittelgrün 178 und Apfel 196 und 100 g Weiß 1
- Tunesische Häkelnadel Nr. 3,5

Eierwärmer

Schwierigkeit: **
Größe: 15,5 cm hoch

Materialbedarf:
- „Toccata" von Lana Grossa (100 % Baumwolle, LL = 110 m/50 g): je 50 g Mittelgrün 178, Apfel 196 und Weiß 1
- Häkelnadel Nr. 3,5
- 4 Knöpfe

Grundmuster: fe M, dabei stets nur in das hintere M-Glied einstechen. Jede Rd mit 1 Kettmasche schließen, mit 1 zusätzlichen Lftm beginnen.
Muster A: nur in Apfel arb.
Muster B: * 4 Rd Apfel, 4 Rd Weiß, ab * stets wiederholen.

Muster C: * 4 Rd Apfel, 4 Rd Weiß, 4 Rd Mittelgrün, 4 Rd Weiß, ab * stets wdh.

Muster D: 8 Rd Apfel, dann in Weiß enden.

So wird es gemacht:

30 Lftm in Apfel anschlagen, mit 1 Kettmasche zum Ring schließen und im Grundmuster nach Muster A, B, C oder D wie folgt arb: **1.-10. Rd:** In jede M je 1 M arb = 30 M. **11. Rd:** Jede 4. M übergehen = 23 M. **12. und 13. Rd:** In jede M je 1 M arb = 23 M. **14. Rd:** Jede 4. M übergehen = 18 M. **15. und 16. Rd:** In jede M je 1 M arb = 18 M. **17. Rd:** Jede 4. M übergehen = 14 M. **18. und 19. Rd:** In jede M je 1 M arb = 14 M. **20. Rd:** Jede 4. M übergehen = 11 M. **21. und 22. Rd:** In jede M je 1 M arb = 11 M. **23. Rd:** Jede 4. M übergehen = 9 M. **24. und 25. Rd:** In jede M je 1 M arb = 9 M. **26. Rd:** Jede 4. M übergehen = 7 M. **27. und 28. Rd:** In jede M je 1 M arb = 7 M. **29. Rd:** Die 4. M übergehen = 6 M. **30. und 31. Rd:** In jede M je 1 M arb = 6 M. Anschließend die restlichen M mit dem Arbeitsfaden zusammenziehen und Faden vernähen. Jeweils 1 Knopf an den Zipfel des Eierwärmers nähen.

Dekorativ und nützlich

Geschirrtuchborten

Schwierigkeit: *
Größe: 7,5 cm breit, Länge beliebig

Materialbedarf:

- „Basics HP No 31" von Lana Grossa (100 % Mako-Baumwolle, LL = 115 m/50 g): je 50 g Weiß 18, Orange 66 und Hellgrün 64
- 1 Häkelnadel Nr. 3
- weiße Geschirrtücher

Grundmuster: 2 Lftm + 3 Wende-Lftm anschlagen und nach der Häkelschrift arb. Die 1.-7. R 1 x arb, dann die 4.-7. R stets wdh.

So wird es gemacht:

Für jede Borte in der gewünschten Farbe 2 Lftm + 3 Wende-Lftm anschlagen und nach der Häkelschrift bis zur gewünschten Länge arb. Dabei darauf achten, dass mit einer 5. R geendet wird.
Spitzen spannen und mit der li Kante auf das Geschirrtuch nähen.

Topflappen

Schwierigkeit: **
Größe: 21 x 23 cm

Materialbedarf:

- „Basics HP No 31" von Lana Grossa (100 % Mako-Baumwolle, LL = 115 m/50 g): 150 g Weiß 18, je 50 g Orange 66, Hellgrün 64 und Olivgrün 69
- Tunesische Häkelnadel Nr. 3,5

Grundmuster: Tunesisches Häkeln (siehe Lehrgang auf Seite 59).
Karomuster A im Grundmuster:
1.-20. R: je 9 M Weiß und Orange im Wechsel. 21.-40. R: je 9 M Orange und Weiß im Wechsel. Die 1.-40. R 2 x arb.
Karomuster B im Grundmuster:
1.-20. R: je 9 M Orange und Weiß im Wechsel. 21.-40. R: je 9 M Weiß und Orange im Wechsel. Die 1.-40. R 2 x arb. Den jeweils nicht benötigten Faden locker auf der Rückseite der Arbeit mitführen und beim folgenden Arbeitsgang mit einhäkeln. Bei Farbwechsel die letzte Schlinge der alten Farbe bereits mit der neuen Farbe abmaschen.
Maschenprobe: 23,5 M und 38 R = 10 x 10 cm.

So wird es gemacht:

Topflappen in Orange/Weiß
Vorderseite: 45 Lftm in Weiß anschlagen und im Grundmuster A häkeln. Nach 80 R ab Anschlag die Arbeit beenden.
Rückseite: Wie Vorderseite, jedoch im Grundmuster B häkeln.

Vorder- und Rückseite li auf li aufeinander legen und mit 1 Rd fe M in Weiß zusammenhäkeln. Dabei in einer Ecke beginnen und in den Ecken stets 3 fe M in 1 Einstichstelle arb. Die Rd mit 1 Kettmasche in die 1. fe M schließen. Danach für die Randspitze den Topflappen in Orange wie folgt umhäkeln: 1 zusätzliche Lftm arb. 1 fe M in die 1. fe M, * 1 Häkelbogen (= 3 Lftm, 1 fe M zurück in die 1. Lftm, 1 Stb zurück in die fe M), 2 fe M übergehen, 1 fe M in die folgende fe M, ab * stets wdh. Für die Aufhängeschlaufe am Rd-Ende 16 Lftm häkeln, mit 1 Kettmasche am Rd-Beginn anschlingen und die Aufhängeschlaufe mit 1 R Kettmaschen behäkeln.

Topflappen in Hellgrün/Weiß
Den Topflappen wie oben beschrieben arb, jedoch die Farbe Orange gegen Hellgrün tauschen.

Topflappen in Olivgrün/Weiß
Den Topflappen wie oben beschrieben arb, jedoch für Vorder- und Rückseite die Farbe Orange gegen Olivgrün tauschen. Den Topflappen wie oben beschrieben in Olivgrün zusammenhäkeln und die Randspitze in Weiß arb.

Häkelschrift

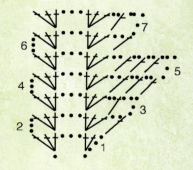

Zeichenerklärung:

- • = 1 Lftm
- † = 1 Stb
- Laufen die Zeichen unten zusammen, werden die M in 1 Einstichstelle gearb.

Farbenfrohe Akzente

Umhäkelte Blumentöpfe

Schwierigkeit: *
Größen: kleiner Übertopf 9,5 cm hoch, 11 cm Ø, große Übertöpfe 11 cm hoch, 12,5 cm Ø, Teelichtgläser: 3,5 cm hoch, 4,5 cm Ø

Materialbedarf:
- „Toccata fino" von Lana Grossa (100 % Baumwolle, LL = 170 m/ 50 g): je 50 g Weiß 320, Gelb 367 und Orange 355
- Häkelnadel Nr. 2,5
- 1 kleiner Übertopf, 9,5 cm hoch, 11 cm Ø
- 2 große Übertöpfe, 11 cm hoch, 12,5 cm Ø
- 3 Teelichtgläser, 3,5 cm hoch, 4,5 cm Ø

Grundmuster: Stb, dabei das 1. Stb jeder Rd durch 3 Lftm ersetzen und jede Rd mit 1 Kettmasche in die 3. Anfangs-Lftm schließen.

Häkelbordüren A und B: Laut Häkelschriften A und B arb. Jeweils mit den M vor dem MS beginnen, den MS stets wdh, enden mit den M nach dem MS.

Randabschluss: 2 Lftm als Ersatz für die 1. fe M, 1 M übergehen, 2 Stb, 3 DStb und 2 Stb in die folgende M, 1 M übergehen, *1 fe M in die folgende M, 2 Stb, 3 DStb und 2 Stb in die folgende M, 1 M übergehen, ab * stets wdh, die Rd mit 1 Kettmasche in die 2. Anfangs-Lftm schließen.

Kleiner weißer Übertopf
8 Lftm anschlagen, mit 1 Kettmasche zum Ring schließen. **1. Rd:** 3 Lftm als Ersatz für das 1. Stb arb, dann noch 15 Stb in den Ring arb, enden mit 1 Kettmasche in die 3. Anfangs-Lftm = 16 M. **2. Rd:** 2 Stb in jedes Stb der Vor-Rd = 32 Stb. **3. Rd:** 1 Stb in jedes Stb der Vor-Rd, dabei in jedes 2. Stb 2 Stb arb = 48 Stb. **4. Rd:** Wie 3. Rd, jedoch in jedes 3. Stb 2 Stb arb = 64 Stb. **5. Rd:** Um jedes Stb der Vor-Rd 1 Relief-Stb von hinten nach vorn arb. **6. Rd:** 1 Stb in jedes Stb der Vor-Rd. **7. Rd:** 1 Stb in jedes Stb der Vor-Rd, dabei in jedes 16. Stb 2 Stb arb = 68 M. **8. Rd:** wie 6. Rd arb. **9.-13. Rd:** Die Häkelbordüre laut Häkelschrift A arb. **14.-17. Rd:** 1 Stb in jedes Stb der Vor-Rd. **18. Rd:** Arbeit wenden und von innen den Randabschluss arb.

Großer gelber Übertopf
Bis zur 5. Rd wie beim kleinen Übertopf arb. **6. Rd:** 1 Stb in jedes Stb der Vor-Rd, dabei in jedes 8. Stb je 2 Stb arb = 72 Stb. **7. Rd:** 1 Stb in jedes Stb der Vor-Rd, dabei in jedes 9. Stb je 2 Stb arb = 80 Stb. **8. und 9. Rd:** 1 Stb in jedes Stb der Vor-Rd. **10.-13. Rd:** Die Häkelbordüre laut 9.-12. R der Häkelschrift A arb. **14.-18. Rd:** 1 Stb in jedes Stb der Vor-Rd. **19. Rd:** Randabschluss wie beim kleinen Übertopf arb.

Großer orangefarbener Übertopf
Bis zur 7. Rd wie beim großen gelben Übertopf arb. **8.-17. Rd:** Häkelbordüre laut Häkelschrift B arb. **18. und 19. Rd:** 1 Stb in jedes Stb der Vor-Rd. **20. Rd:** Randabschluss wie beim kleinen Übertopf arb.

Für alle Töpfe eine Lftm-Kette arb, die ca. 20 cm länger als der obere Topfumfang sein muss. Die Kordel durch die letzte Stb-Rd ziehen und zur Schleife binden.

Umhäkelte Teelichtgläser
Bis zur 1. Rd wie beim kleinen Übertopf arb. **2. Rd:** 1 Stb in jedes Stb der Vor-Rd, dabei in jedes 4. Stb 2 Stb arb = 20 Stb. **3. Rd:** 1 Stb in jedes Stb der Vor-Rd, dabei in jedes 5. Stb 2 Stb arb = 24 Stb. **4. Rd:** Um jedes Stb der Vor-Rd 1 Relief-Stb von hinten nach vorn arb. **5.-8. Rd:** 1 Stb in jedes Stb der Vor-Rd. **9. Rd:** Randabschluss wie beim kleinen Übertopf arb.

Häkelschrift A

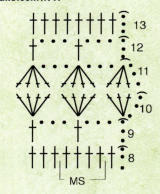

Zeichenerklärung:
- • = 1 Lftm
- † = 1 Stb
- ⌒ = 1 Kettmaschen

Laufen die Zeichen unten zusammen, werden die M in 1 Einstichstelle gearb, laufen die Zeichen oben zusammen, werden die M zusammen abgemascht.

Häkelschrift B

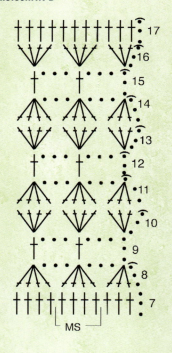

Heiter bis fröhlich in Sonnengelb

Sonnenliegenauflage

Schwierigkeit: **
Größe: 55 x 175 cm, nach unten schmaler zulaufend

Materialbedarf:

- „Point" von Lana Grossa (96 % Baumwolle, 4% Elasthan, LL = 100 m/50 g): 1250 g Weiß 1 und 900 g Gelb 7
- Häkelnadel Nr. 4
- Polster, ca. 55 x 175 cm, nach unten schmaler zulaufend
- 6 Knöpfe

Rippenmuster: 1. und 2. R: fe M, dabei jede R mit 1 zusätzlichen Lftm wenden; **3. R:** * 2 fe M, 1 Relief-Stb, dabei die Häkelnadel von vorn nach hinten um die darunter liegende fe M der 1. R einstechen, ab * stets wdh, enden mit 2 fe M; **4. R:** fe M; **5. R:** * 2 fe M, 1 Relief-Stb, dabei die Häkelnadel von vorn nach hinten um das Relief-Stb der 3. R einstechen, ab * stets wdh, enden mit 2 fe M; **6. R:** fe M; **7. R:** * 2 fe M, 1 Relief-Stb, dabei die Häkelnadel von vorn nach hinten um das Relief-Stb der 5. R einstechen, ab * stets wdh, enden mit 2 fe M. Die 1.-7. R 1 x arb, dann die 4.-7. R stets wdh, enden mit 1 R fe M.
Streifenfolge A: * 8 R Weiß, 4 R Gelb, ab * stets wdh.
Streifenfolge B: * 4 R Weiß, 8 R Gelb, ab * stets wdh.
Maschenprobe: 15,5 M und 16 R = 10 x 10 cm.

So wird es gemacht:

Liege
Vorderseite: 83 Lftm in Weiß anschlagen und im Rippenmuster in der Streifenfolge A häkeln. Nach 123 cm = 196 R ab Anschlag für die Schrägung beiderseits 1 x 1 M abnehmen und noch 8 x in jeder 10. R

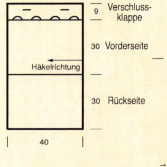

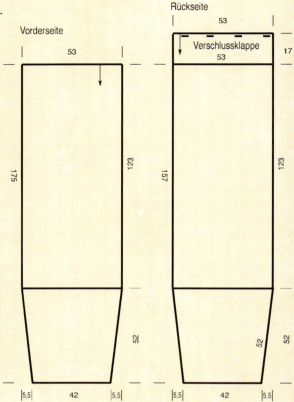

je 1 M abnehmen. Die restlichen 65 M nach 175 cm = 280 R ab Anschlag unbehäkelt stehen lassen.
Rückseite: Für die Verschlussklappe 83 Lftm anschlagen und 11 cm = 18 R im Rippenmuster in der Streifenfolge A häkeln. Dabei bereits in der 4. R 4 Knopflöcher einarb. Das 1. und letzte Knopfloch je ca. 10 cm ab Rand, die übrigen 2 Knopflöcher gleichmäßig dazwischen verteilen. Für jedes Knopfloch 4 M mit 4 Lftm übergehen. Nach 18 R ab Anschlag in Gelb 6 cm = 10 R im Rippenmuster stricken. Danach ist die Verschlussklappe beendet. Ab hier wieder in der Streifenfolge A arb und die Rückseite wie die Vorderseite häkeln.
Seitenteil: 11 M in Gelb anschlagen und im Rippenmuster arb. Nach 394 cm = 630 R ab Anschlag die Arbeit beenden.

Das Seitenteil li auf li bündig auf die Vorderseite legen und die Teile in der oberen li Ecke beginnend und in der oberen re Ecke endend mit fe M in Weiß zusammenhäkeln. Die Rückseite genauso an das Seitenteil häkeln. Knöpfe entsprechend den Knopflöchern annähen, Polster einschieben und Knöpfe schließen.

Kissen
Das Kissen wird quer gehäkelt. Der Pfeil im Schnitt zeigt die Häkelrichtung an. 107 Lftm in Weiß anschlagen und im Rippenmuster in der Streifenfolge B häkeln. Nach 40 cm = 64 R ab Anschlag die Arbeit beenden.

Das Kissen 30 x 30 cm mit 10 cm Überschlag zusammenlegen. Seitennähte (ohne Überschlag) schließen. 2 Knopflochschlingen laut Schemazeichnung am Überschlag arb. Dafür in Weiß mit 1 Kettmasche anschlingen, 8 Lftm arb und mit einem Abstand von 1,5 cm wieder mit 1 Kettmasche anschlingen. Damit das Kissen an die Liege geknöpft werden kann, 4 Knopflochschlingen laut Schemazeichnung entlang der Bruchkante des Überschlags anhäkeln. Knöpfe entsprechend annähen.

Wunderschöne Lichtblicke

Windlichter

Schwierigkeit: *
Größen: kleine Gläser 7 cm hoch, 5 cm Ø, große Gläser 9 cm hoch, 7,5 cm Ø

Materialbedarf:
- „Viale" von Lana Grossa (100 % Microfaser, LL = 115 m/50 g): je 50 g Orange 7, Rot 14, Orange meliert 305 und Rot meliert 308
- Häkelnadel Nr. 3,5 und 5
- 3 Windlichter, 7 cm hoch, 5 cm Ø
- 4 Windlichter, 9 cm hoch, 7,5 cm Ø
- je 1 Packung Rocailles in Rot, Gold und Glasklar
- Silberdraht, 0,25 mm Ø
- Teelichter

Grundmuster mit Nadel Nr. 3,5: Stb, dabei das 1. Stb jeder Rd durch 3 Lftm ersetzen und jede Rd mit 1 Kettmasche in die 3. Anfangs-Lftm schließen.

Wellenmuster A: Laut Häkelschrift 1 arb. Jede Rd mit den in der Häkelschrift eingezeichneten Lftm als Ersatz für die 1. M beginnen und mit 1 Kettmasche bzw. mit 1 Stb in die 1. M schließen. Die 6.-9. Rd 1 x arb. Die 5. Rd ist zur besseren Übersicht mit eingezeichnet.

Wellenmuster B: Laut Häkelschrift 2 arb. Jede Rd mit den in der Häkelschrift eingezeichneten Lftm als Ersatz für die 1. M beginnen und mit 1 Kettmasche bzw. mit 1 Stb in die 1. M schließen. Die 7.-11. Rd 1 x arb. Die 6. Rd ist zur besseren Übersicht mit eingezeichnet.

So wird es gemacht:

Kleines Windlicht in Orange meliert
5 Lftm mit Nadel Nr. 3,5 anschlagen, mit 1 Kettmasche zum Ring schließen. **1. Rd:** 3 Lftm als Ersatz für das 1. Stb arb, dann noch 11 Stb in den Ring arb, enden mit 1 Kettmasche in die 3. Anfangs-Lftm = 12 M. **2. Rd:** 2 Stb in jedes Stb der Vor-Rd = 24 Stb. **3. Rd:** Um jedes Stb der Vor-Rd 1 Relief-Stb von hinten nach vorn arb. **4. und 5. Rd:** 1 Stb in jedes Stb der Vor-Rd. Anschließend mit Nadel Nr. 5 weiterarb. Außerdem auf den Silberdraht 60 Rocailles abwechselnd in Rot und in Gold auffädeln und den Draht mit dem Arbeitsfaden mithäkeln. **6.- 8. Rd:** Laut Häkelschrift 1 arb, dabei mit jeder Lftm der Lftm-Bogen je 1 Perle mithäkeln und mit den End-Stb der 6.-8. Rd je 2 Perlen mithäkeln. Nach der 8. Rd den Draht abschneiden und die **9. Rd** wieder mit Nadel Nr. 3,5 laut Häkelschrift arb. Anschließend 1 Rd Krebsmaschen (fe M von li nach re gehend) arb, dabei nur in jede 2. fe M einstechen und locker häkeln. Windlicht einschieben.

Kleines Windlicht in Orange
Wie orange meliertes Windlicht arb.

Kleines Windlicht in Rot meliert
Wie orange meliertes Windlicht arb, jedoch rote und glasklare Rocailles auffädeln.

Großes Windlicht in Rot
5 Lftm mit Nadel Nr. 3,5 anschlagen, mit 1 Kettmasche zum Ring schließen. **1. und 2. Rd:** wie beim kleinen Windlicht arb. **3. Rd:** 1 Stb in jedes Stb der Vor-Rd, dabei in jede 2. M 2 Stb arb = 36 Stb. **4. Rd:** Um jedes Stb der Vor-Rd 1 Relief-Stb von hinten nach vorn arb. **5. und 6. Rd:** 1 Stb in jedes Stb der Vor-Rd. Anschließend mit Nadel Nr. 5 weiterarb. Außerdem auf den Silberdraht 120 Rocailles abwechselnd in Weiß und Gold auffädeln und den Draht mit dem Arbeitsfaden mithäkeln. **7.- 10. Rd:** Laut Häkelschrift 2 arb, dabei mit jeder Lftm der Lftm-Bogen 1 Perle mithäkeln und mit den End-Stb der 7.-10. Rd je 2 Perlen mithäkeln. Nach der 10. Rd den Draht abschneiden und die **11. Rd** wieder mit Nadel Nr. 3,5 laut Häkelschrift arb. Anschließend 1 Rd Krebsmaschen (fe M von li nach re gehend) arb, dabei nur in jedes 2. Stb einstechen und locker häkeln. Windlicht einschieben.

Großes Windlicht in Orange
Wie rotes Windlicht, jedoch rote und goldene Rocailles auffädeln.

Großes Windlicht in Orange meliert
Wie rotes Windlicht, jedoch glasklare und goldene Rocailles auffädeln.

In jedes Windlicht ein Teelicht hineinstellen.

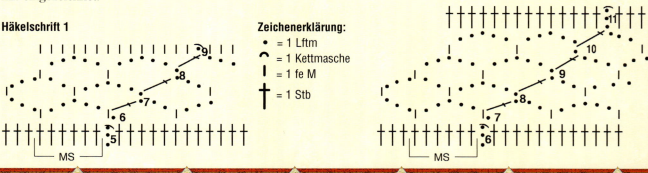

Häkelschrift 1

Zeichenerklärung:
- • = 1 Lftm
- ⌢ = 1 Kettmasche
- = 1 fe M
- † = 1 Stb

Häkelschrift 2

Orientalisch inspiriert

Bank- und Stuhlauflagen

Schwierigkeit: **
Größen: Bankauflage 40 x 105 cm,
Stuhlauflage 40 x 40 cm,
Hockerauflage 40 x 40 cm

Materialbedarf:
- „Bora Lux" von Lana Grossa (79 % Microfaser, 21% Polyamid, LL = 115 m/50 g): 800 g Braun meliert 102, je 300 g Terrakotta 16 und Orange 8, 150 g Natur 12 und 100 g Apricot 54
- Häkelnadel Nr. 5
- 1 Schaumstoffkissen 40 x 105 cm
- 2 Schaumstoffkissen 40 x 40 cm
- 1 Reißverschluss, 105 cm lang
- 2 Reißverschlüsse, 40 cm lang

Grundmuster: Laut Häkelschrift arb. Die 1.-3. R 1 x arb, dann die 2. und 3. R stets wdh.
Streifenfolge A: 3 R Braun meliert, * je 2 R Orange, Braun meliert, Terrakotta, Braun meliert, ab * stets wdh.
Streifenfolge B: 3 R Braun meliert, * je 2 R Orange, Braun meliert, Natur, Braun meliert, ab * stets wdh.
Streifenfolge C: 3 R Braun meliert, * je 2 R Terrakotta, Braun meliert, Natur, Braun meliert, ab * stets wdh.
Maschenprobe: 18 M und 16 R = 10 x 10 cm.

So wird es gemacht:

Bankauflage
Für die Unterseite 72 Lftm + 2 Wende-Lftm in Braun meliert anschlagen und in der Streifenfolge A im Grundmuster arb. Nach 105 cm ab Anschlag die Arbeit beenden und die Oberseite genauso arb.
Alle Kanten in Apricot mit 1 Rd fe M umhäkeln, dabei an den Seiten in jede R des Grundmusters 1 fe M arb und in den Ecken stets 3 fe M in 1 Einstichstelle arb. Anschließend Unter- und Oberseite li auf li legen und die Auflage an 3 Seiten in Apricot mit 1 R Krebsmaschen (= fe M von li nach re gehend) zusammenhäkeln. In die offene Seite den Reißverschluss einnähen. Schaumstoffkissen einlegen.

Stuhlkissen bzw. Hockerauflage:
72 Lftm + 2 Wende-Lftm in Braun

meliert anschlagen und in der Streifenfolge B bzw. Streifenfolge C im Grundmuster arb. Nach 40 cm ab Anschlag die Arbeit beenden und die Oberseite genauso arb. Das Stuhlkissen bzw. die Hockerauflage wie bei der Bankauflage beschrieben fertig stellen.

Häkelschrift

Zeichenerklärung:
- • = 1 Lftm
- ∪ = 1 hStb
- T = 1 Relief-fe M (mit der Nadel von vorn nach hinten um das hStb der Vor-R greifen, Faden holen und die fe M in üblicher Weise häkeln)

Nostalgisch verspielt

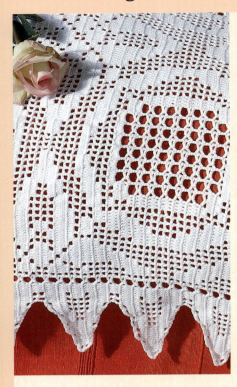

Bettüberwurf

Schwierigkeit: **
Größe: 165 x 210 cm

Materialbedarf

- „Toccata fino" von Lana Grossa (100 % Baumwolle, LL = 170 m/ 50 g): 1750 g Weiß 320
- Häkelnadel Nr. 2,5

Muster: Im Filetmuster arb. Siehe Kleine Filethäkelschule auf Seite 60.

So wird es gemacht:

493 Lftm + 3 Wende-Lftm + 2 Lftm für das 1. leere Kästchen anschlagen und laut Zählmuster im Filetmuster (siehe Kleine Filethäkelschule Seite 60) arb. Das 1. Stb jeder R durch 3 Lftm ersetzen. Jede R endet mit 1 zusätzlichen Stb in die Wende-Lftm der Vor-R. Mit den M vor dem MS beginnen, den MS 4 x arb, enden mit den M nach dem MS.

Die 1.-43. R 1 x arb, dann die 6.-43. R 6 x arb, dann die 5.-1. R 1 x gegengleich arb.

Die seitlichen Spitzen entsprechend fortführen.

Zeichenerklärung:

- ☐ = 1 leeres Gitter (1 Stb, 2 Lftm)
- ☒ = 1 gefülltes Gitter (3 Stb)
- ∨ = 1 Stb, 3 Lftm, 1 fe M, 3 Lftm
- ⊔ = 1 Stb, 5 Lftm

Jede R endet mit 1 zusätzlichen Stb

Zählmuster

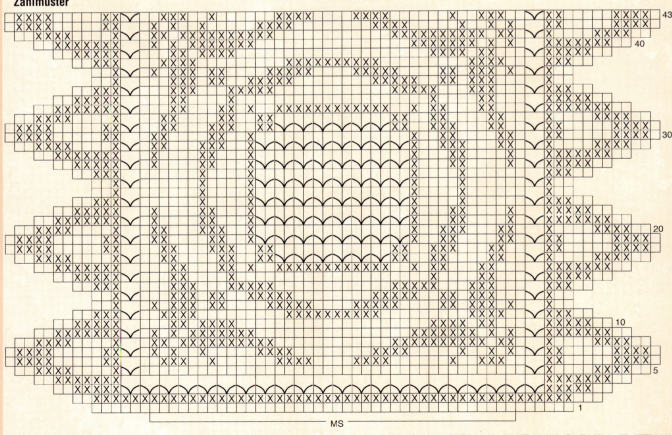

Schöne Ausblicke

Gardine

Schwierigkeit: **
Größe: 50 cm breit, 55 cm hoch

Materialbedarf
- „Toccata fino" von Lana Grossa (100 % Baumwolle, LL = 170 m/50 g): 200 g Weiß 320
- Häkelnadel Nr. 2,5
- 2 Gardinenstangen

Halbkreisförmiges Motiv: 4 Lftm anschlagen, mit 1 Kettmasche zum Ring schließen und laut Häkelschrift 1 arb. Jede R mit den in der Häkelschrift gezeichneten Lftm als Ersatz für die 1. M beginnen. Nach der 9. R die Arbeit beenden.

Grundmuster: Laut Häkelschrift 2 auf die geraden Seiten der beiden halbkreisförmigen Motive häkeln. Die gerade Seite der Häkelschrift 1 ist zum besseren Verständnis eingezeichnet. Das Muster ab Pfeil gegengleich beenden. Zum besseren Verständnis ist ein Teil der 2. Hälfte eingezeichnet. Die 1.-7. R 1 x arb, dann die 2.-7. R 7 x wdh, enden mit der 8. und 9. R. Die Anfangs-Lftm der ungeraden R sind eingezeichnet. Bei den geraden R 1 Stb durch 3 Lftm und 1 DStb durch 4 Lftm ersetzen.

So wird es gemacht:

2 halbkreisförmige Motive laut Häkelschrift 1 arb, dabei das 2. Motiv in der 9. R wie in Häkelschrift 2 eingezeichnet am 1. Motiv anschlingen. Dafür beim letzten Picot statt der 2. Lftm 1 fe M um den 1. Picot des 1. Motivs häkeln. Anschließend im Grundmuster weiterarb. Nach 51 R Grundmuster die Arbeit beenden.

Ein 2. Teil ebenso arb.

Gardinen spannen, anfeuchten und trocknen lassen.
Gardinenstangen durch die 8. Muster-R schieben.

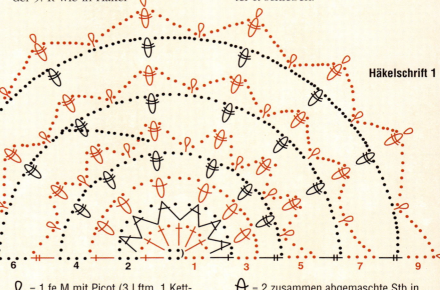

Häkelschrift 1

Zeichenerklärung:
- • = 1 Lftm
- ⌒ = 1 Kettmasche
- + = 1 fe M
- † = 1 Stb
- ‡ = 1 DStb
- ⍿ = 1 Picot (3 Lftm, 1 Kettmasche zurück in die 1. Lftm)
- = 1 fe M mit Picot (3 Lftm, 1 Kettmasche zurück in die fe M)
- = 2 zusammen abgemaschte DStb mit Picot (3 Lftm, 1 Kettmasche in die zusammen abgemaschten DStb)
- = 1 Stb, 3 Lftm, 1 Kettmasche in die Einstichstelle des Stb, 3 Lftm, 1 Stb in dieselbe Einstichstelle
- = 2 zusammen abgemaschte DStb
- = 2 zusammen abgemaschte Stb in 1 Einstichstelle
- = 1 fe M um die 2 Lftm-Bogen der beiden Vor-R

Laufen die Zeichen unten zusammen, werden die M in 1 Einstichstelle gearbeitet, laufen die Zeichen oben zusammen, werden die M zusammen abgemascht.

Häkelschrift 2

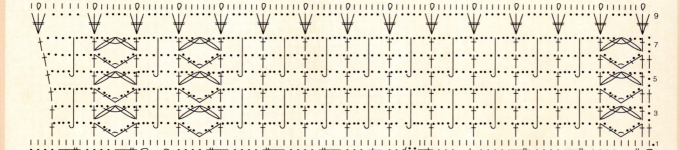

Badezimmer im Marine-Stil

Badezimmerteppich

Schwierigkeit: *
Größe: 60 x 90 cm

Materialbedarf:

- „Tre" von Lana Grossa (60 % Baumwolle, 40 % Microfaser, LL = 50 m/50 g): 300 g weiß 24, je 150 g Mittelblau 07 und Dunkelblau 38, 100 g Rot 37
- Häkelnadel Nr. 6

Grundmuster: Laut Häkelschrift arb. M-Zahl teilbar durch 14 + 1 M extra. Mit der M vor dem MS beginnen, den MS stets wdh, enden mit den M nach dem MS. Die R jeweils mit den in der Häkelschrift eingezeichneten Lftm wenden. Die 1.-5. R 1 x arb, dann die 2.-5. R stets wdh.
Streifenfolge: je 2 R * Mittelblau, Weiß, Dunkelblau und Weiß, ab * stets wdh.
Maschenprobe: 10 M und 8,5 R = 10 x 10 cm.

So wird es gemacht:

57 Lftm + 1 Wende-Lftm in Mittelblau anschlagen und in der Streifenfolge im Grundmuster arb. Nach 87 cm = 74 R ab Anschlag die Arbeit beenden.
Das ganze Teil in Rot mit 2 Rd fe M und 1 Rd Krebsmaschen (= fe M von li nach re gehend) umhäkeln. Dabei in den ersten 2 R in den Ecken je 3 fe M in 1 Einstichstelle arb. Die Rd jeweils mit 1 zusätzlichen Lftm beginnen und mit 1 Kettmasche in die 1. fe M schließen.

Häkelschrift

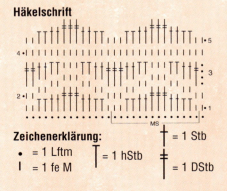

Zeichenerklärung:
- • = 1 Lftm
- I = 1 fe M
- T = 1 hStb
- ǂ = 1 Stb
- ǂ = 1 DStb

Utensilo

Schwierigkeit: **
Größe: 40 x 54 cm

Materialbedarf:

- „Toccata" von Lana Grossa (100 % Baumwolle, LL = 110 m/50 g): 300 g Blau 198, je 100 g Weiß 1 und Rot 26
- Stricknadel Nr. 3
- Häkelnadel Nr. 3,5
- 2 Gardinenstangen

Achtung: Das Garn stets doppelt verwenden!
Glatt re: Hin-R re M, Rück-R li M
Streifenfolge: abwechselnd je 8 R glatt re in Weiß und Blau
Webmuster: 1. R: Rdm, * 1 M re, 1 M re abheben, dabei den Faden vor der Arbeit mitführen, ab * stets wdh, Rdm. 2. R: Rdm, * 1 M li, 1 M li abheben, dabei jetzt den Faden hinter der Arbeit mitführen, ab * stets wdh, Rdm. Die 1. und 2. R stets wdh.
Maschenprobe im Webmuster: 20 M und 40 R = 10 x 10 cm; glatt re: 17,5 M und 26,5 R = 10 x 10 cm.

So wird es gemacht:

Rückwand: 68 M in Blau anschlagen und für die untere Blende 3,5 cm = 10 R glatt re stricken, dabei in der letzten R verteilt 10 M zunehmen = 78 M. Anschließend 51 cm im Webmuster arb, dann nochmals für die obere Blende 3,5 cm = 10 R glatt re stricken, dabei in der 1. R verteilt 10 M abnehmen = 68 M. Dann alle M abketten.
Die Längskanten mit 1 R fe M in Rot behäkeln.

Große Tasche

68 M in Weiß anschlagen und 15 cm = 40 R glatt re in der Streifenfolge arb, dann alle M abketten.

2 kleine gestreifte Taschen
Jeweils 30 M in Blau anschlagen und 12 cm = 32 R glatt re in der Streifenfolge arb, dabei mit 8 R Blau beginnen. Dann alle M abketten.

Kleine weiße Tasche mit blauem Rand
30 M in Weiß anschlagen und 12 cm = 32 R glatt re stricken, die letzten 4 R in Blau arb. Dann alle M abketten.
Alle Taschen mit 1 Rd fe M in Rot umhäkeln, in den Ecken je 3 fe M in 1 Einstichstelle arb. Die Taschen laut Schemazeichnung auf die Rückwand nähen. Die große mit 3 Nähten aus Kettmaschen unterteilen. Die Blenden jeweils zur Hälfte nach li säumen. Gardinenstangen einschieben.

Schemazeichnung

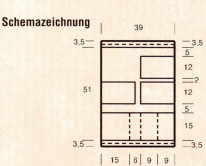

Kuschelweiche Teddys

Bärenkissen

Schwierigkeit: **
Größe: 30 x 30 cm (ohne Kopf und Gliedmaßen)

Materialbedarf:

- „Estivo" von Lana Grossa (85 % Baumwolle, 15 % Polyamid, LL = 150 m/50 g)
- für den Gummibären: 200 g Rot 8
- für den Eisbären: 200 g Weiß 16 und 50 g Hellblau 11
- Schnellstricknadel Nr. 5
- Nadel-Spiel Nr. 5
- Füllwatte
- Filzreste in Schwarz, Rot, Hellblau und Mittelblau
- passendes Nähgarn
- passende Einlegekissen
- kleines Fellrestchen in Weiß

Glatt re in R: Hin-R re M, Rück-R li M; **in Rd:** stets re M stricken.
Streifenfolge glatt re: * 6 R Weiß, 2 R Hellblau, ab * stets wdh.
Maschenprobe glatt re: 20 M und 26 R = 10 x 10 cm.

So wird es gemacht:

Gummibär

Für den Körper 60 M in Rot anschlagen und 70 cm glatt re stricken, dann alle M abketten.
Für die Arme und Beine mit dem Nadelspiel in Rot je 28 M anschlagen, die M auf 4 Nadeln verteilt zur Rd schließen und glatt re arb. Nach 17 cm ab Anschlag 5 x in jeder folgenden Rd die ersten 2 M der 1. und 3. Nadel überzogen zusammenstricken (= 1 M re abheben, die folgende M re stricken, dann die abgehobene M darüber ziehen) und die letzten 2 M der 2. und 4. Nadel re zusammenstricken. Die restlichen 8 M mit dem Arbeitsfaden zusammenziehen und Faden vernähen.
Für die Schnauze mit dem Nadelspiel in Rot 28 M anschlagen, die M auf 4 Nadeln verteilt zur Rd schließen und glatt re arb. Nach 4 cm ab Anschlag 5 x in jeder folgenden Rd die ersten 2 M der 1. und 3. Nadel überzogen zusammenstricken und die letzten 2 M der 2. und 4. Nadel re zusammenstricken. Die restlichen 8 M mit dem Arbeitsfaden zusammenziehen und Faden vernähen.
Für die Ohren mit dem Nadelspiel in Rot je 28 M anschlagen, die M auf 4 Nadeln verteilt zur Rd schließen und glatt re arb. Nach 2,5 cm ab Anschlag 5 x in jeder folgenden Rd die ersten 2 M der 1. und 3. Nadel überzogen zusammenstricken und die letzten 2 M der 2. und 4. Nadel re zusammenstricken. Die restlichen 8 M mit dem Arbeitsfaden zusammenziehen und Faden vernähen.
Für den Kopf in Rot 40 M anschlagen, die M auf 4 Nadeln verteilt zur Rd schließen und glatt re arb. Gleichzeitig ab Anschlag 5 x in jeder 2. Rd nach der 1. M der 1. und 3. Nadel und vor der letzten M der 2. und 4. Nadel je 1 M verschränkt aus dem Querfaden zunehmen = 60 M. Nach 10,5 cm ab Anschlag 5 x in jeder 2. R die ersten 2 M der 1. und 3. Nadel überzogen zusammenstricken und die letzten 2 M der 2. und 4. Nadel re zusammenstricken. Die restlichen je 10 M der 1. und 2. Nadel sowie der 3. und 4. Nadel gegeneinander legen und zusammennähen.

Den Körper auf 30 x 30 cm mit 10 cm Überschlag auf der Rückseite zusammenlegen. Dies ergibt den Hotelverschluss auf der Rückseite. (Hotelverschluss: Auf der Rückseite überlappen sich Anfang und Ende des in einem Stück gestrickten Kissens etwa 10 cm breit. Dadurch entsteht ein offener Verschluss, durch den das Inlett eingelegt und nicht wieder herausrutscht.) Seitennähte schließen.

Arme und Beine weich ausstopfen und die Zehen mit Stielstichen abnähen. 2 cm ab oberem bzw. unterem Seitenrand annähen. Ohren weich ausstopfen und in der Ohrmitte mit ein paar Stichen abnähen. Dann an die seitlichen oberen Schrägungen des Kopfes nähen. Kopf weich ausstopfen, die Schrägungen über die obere Kissenkante schieben und annähen. Die Schnauze fest ausstopfen und an den Kopf nähen.
Die Schnauze und die Pupillen in Schwarz, die Augen in Rot laut Schemazeichnung aus dem Filz zuschneiden und aufnähen.
Füllkissen einlegen.

Eisbär

Den Eisbären wie den Gummibären arb, aber den Körper in der Streifenfolge, alle anderen Teile in Weiß arb.

Die Schnauze und die Augen in Hellblau, die Pupillen in Mittelblau aus dem Filz zuschneiden und aufnähen.
Das Fellrestchen zwischen den Ohren aufnähen.

Schemazeichnung

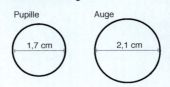

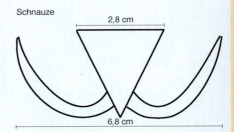

Extra soft: Riesen-Spielwürfel

Spielwürfel

Schwierigkeit: **
Größe: 30 x 30 x 30 cm

Materialbedarf:

- „Leggero" von Lana Grossa (100 % Microfaser, LL = 160 m/50 g): 200 g Mittelblau 24, je 150 g Hellblau 45 und Dunkelblau 10, je 50 g Rot 9, Gelb 8 und Weiß 5
- „Leggero Stripes" von Lana Grossa (100 % Microfaser, LL = 160 m/ 50 g): 150 g Blau meliert 402
- Schnellstricknadel Nr. 3
- Häkelnadel Nr. 3
- 3 Schaumstoffwürfel 30 x 30 x 30 cm
- 3 Reißverschlüsse, 90 cm lang
- Stecknadeln

Glatt re: Hin-R re M, Rück-R li M.
Würfelplatte A: Mit „Leggero" 50 M anschlagen und 30 cm glatt re stricken (leicht gedehnt gemessen), dann alle M abketten.
Würfelplatte B: Mit „Leggero Stripes" 54 M anschlagen und 30 cm glatt re stricken (leicht gedehnt gemessen), dann alle M abketten.
Maschenprobe glatt re in „Leggero": 16 M und 40 R = 10 x 10 cm; in „Leggero Stripes": 17,5 M und 42 R = 10 x 10 cm. Jeweils leicht gedehnt gemessen. Achtung! Unterschiedliche Farben können unterschiedliche Maschenproben ergeben. Deshalb in jeder Farbe eine Maschenprobe anfertigen und bei unterschiedlichen Ergebnissen etwas mehr oder weniger Maschen anschlagen.

So wird es gemacht:

Würfel mit Punkten
Je 2 Würfelplatten A in Dunkelblau, Mittelblau und Hellblau arb.

Die Platten mit Stecknadeln so auf den Schaumstoffwürfel stecken, dass sich jeweils die gleichen Farben gegenüberliegen. Außerdem darauf achten, dass sich die Strickrichtungen der einzelnen Platten abwechseln. Die Würfelplatten zusammennähen, dabei 3 aufeinander folgende Kanten für den Reißverschluss offen lassen. Reißverschluss einnähen.
Punkte (21 x arb): 6 Lftm in Weiß anschlagen, mit 1 Kettmasche zum Ring schließen und in den Ring 16 Stb arb, dabei das 1. Stb durch 3 Lftm ersetzen. Diese und die folgende Rd mit 1 Kettmasche in die 3. Anfangs-Lftm schließen. In der folgenden Rd in jede M 2 Stb arb, dabei das 1. Stb durch 3 Lftm ersetzen.
Die Punkte auf die Würfel nähen, dabei ergeben die sich jeweils gegenüberliegenden Seiten zusammen 7 Punkte.

Würfel mit Herz
Je 2 Würfelplatten A in Mittelblau und Hellblau und 2 Würfelplatten B in Blau meliert arb und wie beim Würfel mit Punkten beschrieben fertig stellen. Für das Herz in Rot 1 M anschlagen und laut Zählmuster arb. Die Zu- und Abnahmen wie eingezeichnet ausführen. Nach 66 R ab Anschlag die mittleren M abketten und beide Seiten getrennt beenden. Nach 86 R ab Anschlag die restlichen je 7 M abketten. Das Herz auf eine hellblaue Würfelplatte nähen.

Würfel mit Tasche
Je 2 Würfelplatten A in Mittelblau und Dunkelblau und 2 Würfelplatten B in Blau meliert arb und wie beim Würfel mit Punkten beschrieben fertig stellen. Für die Tasche in Gelb 20 M anschlagen und glatt re stricken. Für die Schrägungen ab Anschlag beiderseits 10 x in jeder 2. R je 1 M zunehmen = 40 M. Nach 60 R ab Anschlag alle M abketten.
Die Tasche auf eine dunkelblaue Würfelplatte nähen.

Zählmuster
1 Kästchen = 1 M und 2 R

Himmel & Hölle-Hüpfspiel

Teppich

Schwierigkeit: **
Größe: 120 x 200 cm

Materialbedarf:

- „Multicot" von Lana Grossa (60 % Baumwolle, 40 % Microfaser, LL = 80 m/50 g): 1000 g Pink meliert 511, je 350 g Rosa 43 und Weiß 1, 200 g Hellblau 54, je 150 g Pink 32 und Mittelblau 35
- Häkelnadel Nr. 5
- 2 kleine und 1 große Schmetterlingsapplikation
- Buchstabenapplikationen für die Schriftzüge „Himmel" in Weiß und „Hölle" in Rot
- 1 Rest Sticktwist in Rot für die Pünktchen über dem „o" bei „Hölle"
- 1 Antirutsch-Teppichstopp-Gitter, 110 x 190 cm

Grundmuster: fe M, dabei jede R mit 1 zusätzlichen Lftm wenden.
Streifenfolge A: * 7 R Rosa, 7 R Pink, 7 R Weiß, ab * stets wdh.
Streifenfolge B: * 7 R Hellblau, 7 R Mittelblau, 7 R Weiß, ab * stets wdh.
Streifenfolge C: * 7 R Hellblau, 7 R Weiß, ab * stets wdh.
Für alle folgenden Muster gilt: Wird mit 2 Farben gehäkelt, den jeweils nicht zu häkelnden Faden auf der Rückseite der Arbeit mit umhäkeln.
Karomuster A: 1.-8. R: 6 M Rosa, 6 M Weiß im Wechsel. 9.-16. R: 6 M Weiß, 6 M Rosa im Wechsel. Die 1.-16. R stets wdh.
Karomuster B: Wie Karomuster A, jedoch in Hellblau und Weiß arb. Das Feuer nach dem Zählmuster über 48 M und 28 R einarb. Dabei den MS 2 x häkeln.
Maschenprobe:
12 M und 14 R = 10 x 10 cm.

So wird es gemacht:

Für jedes Karo 48 M anschlagen und im Grundmuster arb. Nach 56 R ab Anschlag die Arbeit beenden.
Für jedes Rechteck 48 M anschlagen und im Grundmuster arb. Nach 168 R ab Anschlag die Arbeit beenden.
Je 1 Karo in der Streifenfolge A, B und C sowie im Karomuster A und B arbeiten. Für das Karo mit der „Hölle" 48 M in Pink anschlagen und die 1.-14. R im Grundmuster in Pink arb. Die 15.-42. R laut Zählmuster häkeln. Die 43.-56. R in Mittelblau arb. Zwei Rechtecke in Pink meliert arbeiten.
Für das Dreieck mit dem „Himmel" 144 M in Rosa anschlagen und im Grundmuster arb. Nach 1 R beiderseits in jeder R abwechselnd 1 bzw. 2 M mehr in Pink meliert arb. Dabei für jede Farbfläche ein gesondertes Knäuel verwenden und beim Farbwechsel die Fäden auf der Rückseite verkreuzen, damit keine Löcher entstehen. Bei Farbwechsel die letzte M der alten Farbe bereits mit der neuen Farbe abmaschen.

Nach 49 R ab Anschlag sind alle rosafarbenen M aufgebraucht. Nun noch 7 R über alle M in Pink meliert arb, danach die Arbeit beenden. Den Farbübergang von Rosa zu Pink meliert mit 1 R Kettmaschen in Weiß behäkeln. Die Applikationen laut Abbildung aufbügeln. Die Pünktchen über dem „o" mit Knötchenstichen (siehe Seite 58) in rotem Sticktwist aufsticken. Die Karos und Rechtecke laut Schemazeichnung in

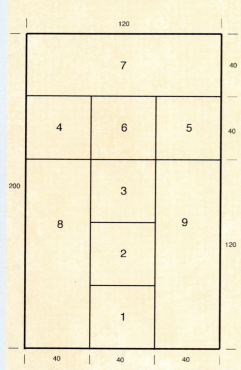

Zeichenerklärung
◂ **Schemazeichnung:**
1 = Karo in Streifenfolge A
2 = Karo in Karomuster A
3 = Karo in Streifenfolge B
4 = Karo in Karomuster B
5 = Karo in Streifenfolge C
6 = Karo mit "Hölle"
7 = Rechteck mit "Himmel"
8 = Rechteck in Pink meliert
9 = Rechteck in Pink meliert

▸ **Zeichenerklärung Zählmuster:**
1 = Pink
2 = Mittelblau
1 Kästchen = 1 M und 1 R

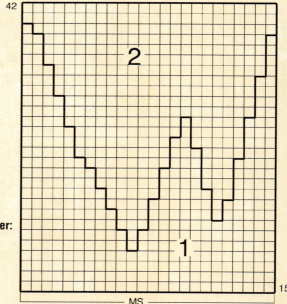

Weiß mit fe M zusammenhäkeln. Dabei die Teile li auf li aufeinander legen. Zunächst Karo 1 an Karo 2 häkeln, dann Karo 3 mit Karo 2 verbinden, dabei Karo 3 quer legen. Karo 4 und 5 li und re an Karo 6 häkeln. Karo 6 mit Karo 3 verbinden. Das Rechteck 7 an die Karos 4,

6 und 5 häkeln. Das Rechteck 8 an die Karos 1, 2, 3 und 4 sowie Rechteck 9 an die Karos 1, 2, 3 und 5 häkeln.

Den Hüpfteppich mit 1 Rd Krebsmaschen (= fe M von li nach re gehend) umhäkeln, wie folgt: die äußeren

Kanten der Karos 4 und 5 in Weiß, den restlichen Teppich in Pink meliert. In den Ecken stets 2 Krebsmaschen in 1 Einstichstelle arb. Das Antirutsch-Teppichstopp-Gitter unter den Teppich nähen, dabei das Gitter auch mehrfach in der Fläche fixieren, damit es nicht beult.

Schmuseweich für Babys

Decke

Schwierigkeit: **
Größe: 94 x 110 cm

Materialbedarf:

- „Cool Wool 2000" von Lana Grossa (100 % Merino Wolle extrafine, LL = 160 m/50 g): 800 g Wollweiß 431 und 50 g Apricot 478
- Stricknadel Nr. 3,5
- Häkelnadel Nr. 3,5

Grundmuster: M-Zahl teilbar durch 8 + 5 M extra + 2 Rdm. Laut Strickschrift arb. Es sind nur Hin-R gezeichnet. In den Rück-R alle M stricken, wie sie erscheinen bzw. wie beschrieben. Die 1.-12. R stets wdh.
Häkelspitze: Laut Häkelschrift in Rd arb. Jede Rd mit den in der Häkelschrift eingezeichneten Anfangs-Lftm beginnen und mit 1 Kettmasche schließen. Die 1.-6. Rd 1 x arb.
Maschenprobe im Grundmuster:
33 M und 38 R = 10 x 10 cm.
Häkelspitze: 5 cm breit.

So wird es gemacht:

279 M in Wollweiß anschlagen und im Grundmuster arb. Nach 100 cm ab Anschlag alle M abketten.

Die Decke mit der Häkelspitze in Wollweiß umhäkeln, dabei wie eingezeichnet 12 M vor einer Ecke beginnen. Die Zahl der fe M auf jeder Seite muss durch 14 + 9 M extra + Eck-M teilbar sein. Die 6. Rd in Apricot arb.

Wärmflaschenhülle

Schwierigkeit: **
Größe: 17 x 26 cm

Materialbedarf:

- „Cool Wool 2000" von Lana Grossa (100 % Merino Wolle extrafine, LL = 160 m/50 g): 100 g Apricot 478 und 50 g Wollweiß 431
- Stricknadel Nr. 2,5
- Häkelnadel Nr. 3

Grundmuster und Häkelspitze: siehe Babydecke
Lochmuster: Ungerade M-Zahl. Jede R beginnt und endet mit 1 Rdm. **1. R:** li M. **2. R:** re M. **3. R:** li M. **4. R:** li M. **5. R:** * 2 M re zusammenstricken, 1 Umschlag, ab * stets wdh, enden mit 1 M re. **6. R:** M und Umschlag li M. **7. R:** li M. **8. R:** re M. **9. R:** li M. **10. R:** re M. Die 1.-10. R 1 x arb.

So wird es gemacht:

55 M in Apricot anschlagen und 10 R im Lochmuster stricken. Danach im Grundmuster weiterarb. Nach 40 cm ab Lochmuster nochmals 10 R im Lochmuster stricken, dann alle M abketten.

Das Teil re auf re auf die Hälfte legen, Seitennähte schließen und wenden. Den Abkettrand mit der Häkelspitze in Apricot umhäkeln. Darauf achten, dass in der 1. Rd die Zahl der fe M durch 14 teilbar ist. Den MS stets wdh. Die 1.-5. Rd in Apricot, die 6. Rd in Weiß arb.

Maschenprobe im Grundmuster:
30 M und 42 R = 10 x 10 cm.
Häkelspitze: 5 cm breit.

Zeichenerklärung Strickschrift:

- ⊞ = Rdm
- ☐ = 1 M re
- ⊟ = 1 M li
- ◀ = 1 M kraus li (Hin- und Rück-R li M)

Zeichenerklärung Häkelschrift:

- • = 1 Lftm
- ⌒ = 1 Kettmasche
- | = 1 fe M
- ○ = 1 Picot (= 3 Lftm und 1 fe M zurück in die 1. Lftm)
- † = 1 Stb
- ‡ = 1 DStb

Laufen die Zeichen unten zusammen, werden die M in 1 Einstichstelle gearb.

Blumenwiese zum Krabbeln

Decke

Schwierigkeit: **
Größe: 93 x 113 cm

Materialbedarf:

- „Tre" von Lana Grossa (60 % Baumwolle, 40 % Microfaser, LL = 50 m/50 g): 850 g Grün 34, je 100 g Weiß 24 und Gelb 6, 50 g Orange 36
- Stricknadel Nr. 5
- Häkelnadel Nr. 6

Glatt re: Hin-R re M, Rück-R li M.
Häkelkante: * 1 fe M, 3 Lftm, die Häkelnadel aus der letzten Lftm ziehen, in die 1. Lftm einstechen und die eben freigegebene Schlinge durch diese Lftm ziehen, 1 fe M * ab * stets wdh.

Häkelblüten
Blütenmitte: 3 Lftm anschlagen, mit 1 Kettmasche zum Ring schließen.
1. Rd: 1 zusätzliche Lftm arb und 8 fe M in den Ring häkeln. Diese und jede weitere Rd mit 1 zusätzlichen Lftm beginnen und mit 1 Kettmasche in die 1. fe M schließen. 2. Rd: In jede fe M 2 fe M arb = 16 M. 3. Rd: fe M, dabei in jede 2. M je 2 fe M arb = 24 M.

Kleine Häkelblüte
* 3 Lftm + 1 Wende-Lftm arb, in die 2. Lftm von der Nadel aus 2 fe M häkeln, in die folgende Lftm 1 fe M häkeln, in die letzte Lftm 1 Kettmasche arbeiten, 1 Lftm, ab * 6 x wdh. Die Rd mit 1 Kettmasche in die 1. Lftm schließen.

Schemazeichnung
A = kleine Blüte, Mitte Gelb
B = kleine Blüte, Mitte Orange
C = mittlere Blüte, Mitte Gelb
D = mittlere Blüte, Mitte Orange
E = große Blüte, Mitte Gelb

Mittlere Häkelblüte
Blütenblatt: 5 Lftm und 1 Wende-Lftm anschlagen, in jede Lftm 1 fe M häkeln, 1 Wende-Lftm, wieder 1 Reihe fe M häkeln, dabei in die letzte M 4 fe M arb und die Anschlag-R der Arbeit ebenfalls mit 1 R fe M behäkeln. Mit 1 Kettmasche in die 1. Anfangs-Lftm enden.
Für jede Blüte 6 Blütenblätter arb.

Große Häkelblüte
Blütenblatt: 6 Lftm und 1 Wende-Lftm anschlagen, in jede Lftm 1 fe M häkeln, 1 Wende-Lftm, wieder 1 Reihe fe M häkeln, dabei in die letzte M 4 fe M arb und die Anschlag-R der Arbeit ebenfalls mit 1 R fe M behäkeln. Mit 1 Kettmasche in die 1. Anschlags-Lftm enden.
Für jede Blüte 7 Blütenblätter arb.
Maschenprobe: 12 M und 18 R = 10 x 10 cm. Kleine Blüte: 10 cm Ø, Mittlere Blüte: 15 cm Ø, Große Blüte: 20 cm Ø.

So wird es gemacht:
108 M in Grün anschlagen und glatt re arb. Nach 110 cm die Arbeit beenden. Die Decke mit der Häkelkante in Gelb umhäkeln. Die Rd mit 1 Kettmasche in die 1. fe M schließen. 15 kleine Häkelblüten arb, dabei die Blütenmitte jeweils nach der 1. Rd beenden. Bei 10 Häkelblüten die Mitte in Gelb (= A), bei 5 Häkelblüten die Mitte in Orange (= B) arb. Die Blütenblätter in Weiß arb.
2 mittlere Häkelblüten arb, dabei die Blütenmitte jeweils nach der 2. Rd beenden. Je 1 Blütenmitte in Gelb (= C) und Orange (=D) arb. Die 6 Blütenblätter jeweils in Weiß arb und gleichmäßig verteilt unter die Blütenmitte nähen. 2 große Häkelblüten arb, dabei die Blütenmitte jeweils nach der 3. Rd beenden und in Gelb (= E) arb. Die 7 Blütenblätter jeweils in Weiß arb und gleichmäßig verteilt unter die Blütenmitte nähen.
Die Blüten laut Schemazeichnung aufnähen.

Kissen

Schwierigkeit: **
Größe: 30 x 30 cm

Materialbedarf:

- „Tre" von Lana Grossa (60 % Baumwolle, 40 % Microfaser, LL = 50 m/50 g): je 200 g Gelb 6 und Orange 36, 50 g Weiß 24
- Stricknadel Nr. 5
- Häkelnadel Nr. 6
- 2 Einlegekissen, 30 x 30 cm

Maschenprobe und kleine Häkelblüte A und B: siehe Krabbeldecke.

So wird es gemacht:

Je 38 M in Gelb bzw. Orange anschlagen und glatt re arb. Nach 70 cm ab Anschlag die Arbeit beenden.

Das Teil auf 30 x 30 cm mit 10 cm Überschlag auf der Rückseite zusammenlegen. Dies ergibt den Hotelverschluss auf der Rückseite

(es entsteht ein offener Verschluss, durch den das Inlett leicht eingelegt werden kann und nicht wieder herausrutscht). Seitennähte schließen.
Je 1 Häkelblüte A und B arb. Blüte A auf das orangefarbene Kissen, Blüte B auf das gelbe Kissen laut Abbildung nähen.

Handarbeits-ABC

Die Maschenprobe

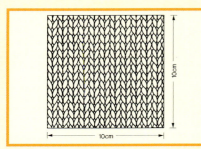

Bevor Sie mit der Handarbeit beginnen, müssen Sie eine Strick- bzw. Häkelprobe anfertigen und prüfen, ob Sie dieselben Maschen- und Reihenzahlen erreichen wie in der Anleitung.
Dafür stricken bzw. häkeln Sie ein mindestens 12 x 12 cm großes Stück im angegebenen Muster und zählen dann nach: Wie viele Maschen in der Breite und wie viele Reihen in der Höhe ergeben 10 cm? Hat Ihre Probe mehr Maschen als angegeben, müssen Sie entweder lockerer arbeiten oder 1/2 bis 1 Stärke dickere Nadeln nehmen. Haben Sie weniger Maschen, heißt es fester arbeiten oder dünnere Nadeln verwenden.

Kettenstich

Mit dem Kettenstich zeichnen Sie markante Linien auf den Maschengrund. Benannt ist er nach seinem Erscheinungsbild, denn er sieht aus wie eine Gliederkette.

Stechen Sie an der gewünschten Stelle durch. Den Faden zu einer Schlinge legen und innerhalb dieser Schlinge einen Vorstich arbeiten. Beim Durchziehen darauf achten, dass der Arbeitsfaden unter der Nadelspitze liegt.

Aufgehäkelter Kettenstich

1. Den Arbeitsfaden mit einem Knoten zur Schlinge knüpfen. Mit einer Häkelnadel an der gewünschten Stelle durch den Maschengrund stechen und diese Schlinge von der Arbeitsrückseite zur Vorderseite durchholen.

2. Dann durch den Maschengrund stechen, den Faden zur Schlinge holen und durch den Maschengrund auf die Vorderseite und durch die erste Masche ziehen.

3. Kettenstiche lassen sich in beliebiger Länge quer, parallel oder auch diagonal zum Maschengrund aufhäkeln.

Knötchenstich

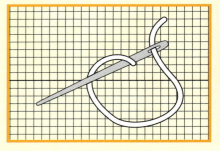

1. An der gewünschten Stelle durchstechen. Den Faden von vorne nach hinten einmal um die Nadel herumlegen.

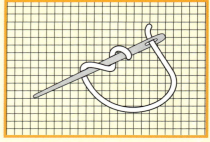

2. Dann ein zweites Mal den Faden um die Nadel wickeln. Die doppelte Wicklung mit Daumen und Zeigefinger der linken Hand fassen.

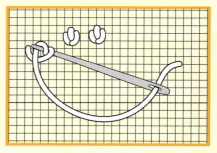

3. Nahe der Ausstichstelle wieder einstechen und den Faden vorsichtig durchziehen. Die Wicklung dabei dicht an den Maschengrund schieben und dann den Faden straff ziehen. Die entstehenden erhabenen Knötchen werden größer, wenn Sie den Faden dreimal um die Nadel wickeln.

Tunesisches Häkeln

Tunesisches Häkeln verbindet Stricken und Häkeln. Die Struktur der Arbeit wird stabil und fest. Außerdem zeichnet sie sich durch eine attraktive Weboptik aus. Für die Ausführung benötigen Sie eine spezielle lange Häkelnadel. Jede Arbeit beginnt mit einer Luftmaschenkette. Gehäkelt wird in Hin- und Rückreihen, jedoch ohne die Arbeit zu wenden. Mit einer Schlussreihe aus Kettmaschen oder festen Maschen wird jede Arbeit beendet.

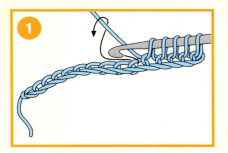

1. Reihe (Hinreihe): In die 2. Luftmasche einstechen, Faden holen und durchziehen, * in die folgende Luftmasche einstechen, Faden holen und durchziehen, ab * stets wiederholen

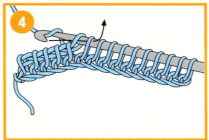

Ab * stets wiederholen, bis alle auf der Nadel befindlichen Maschen aufgebraucht sind

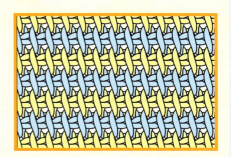

Zweifarbiges Muster 1: Die 1. und 2. Reihe in Farbe A arbeiten, * die 3. und 4. Reihe in Farbe B arbeiten, die 5. und 6. Reihe in Farbe A arbeiten, ab * stets wiederholen

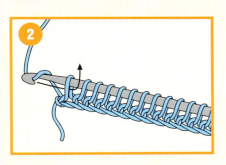

2. Reihe (Rückreihe): Faden holen und durch die 1. auf der Nadel befindliche Masche ziehen

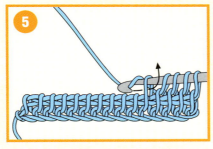

3. Reihe (Hinreihe): * Nadel von rechts nach links durch das senkrecht verlaufende Maschenglied schieben, Faden holen und durchziehen, ab * stets wiederholen

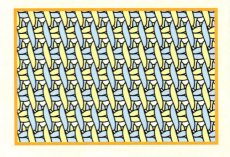

Zweifarbiges Muster 2: Die 1. Reihe in Farbe A arbeiten, * die 2. und 3. Reihe in Farbe B arbeiten, die 4. und 5. Reihe in Farbe A arbeiten, ab * stets wiederholen

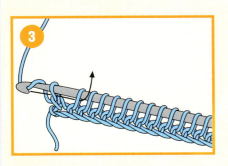

* Faden holen und durch die folgenden 2 auf der Nadel befindlichen Maschen ziehen

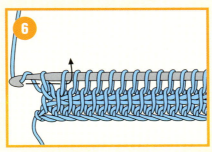

4. Reihe (Rückreihe): Wie die 2. Reihe arbeiten. Die 3. und 4. Reihe stets wiederholen

Kleine Filethäkelschule

Das Filetmuster besteht aus Kästchen über 3 Maschen. Der Luftmaschenanschlag muss daher 3 x die im Zählmuster angegebene Kästchenzahl betragen + 1 Masche für die letzte Masche + entsprechend Luftmaschen als Ersatz für die 1. Masche der 1. Reihe.

Zeichenerklärung

• = 1 Luftmasche

| = 1 feste Masche

† = 1 Stäbchen

Stäbchen-Filet

Bogen-Filet

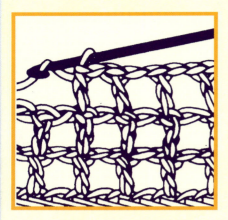

Jedes **leere Kästchen** besteht aus 1 Stäbchen und 2 Luftmaschen, mit denen jeweils 2 Maschen übergangen werden.

Beim **Abnehmen** am Reihenanfang die Arbeit mit entsprechend vielen Kettmaschen überhäkeln. Am Reihenende einfach nur so weit häkeln, wie es das Zählmuster vorschreibt.

Jedes **gefüllte Kästchen** besteht aus 3 Stäbchen, wobei das 2. und 3. Stäbchen um die Luftmaschen eines darunter liegenden leeren Kästchens gearbeitet werden.

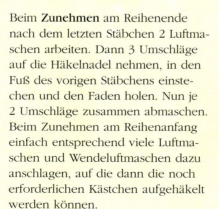

Beim **Zunehmen** am Reihenende nach dem letzten Stäbchen 2 Luftmaschen arbeiten. Dann 3 Umschläge auf die Häkelnadel nehmen, in den Fuß des vorigen Stäbchens einstechen und den Faden holen. Nun je 2 Umschläge zusammen abmaschen. Beim Zunehmen am Reihenanfang einfach entsprechend viele Luftmaschen und Wendeluftmaschen dazu anschlagen, auf die dann die noch erforderlichen Kästchen aufgehäkelt werden können.

Abkürzungsverzeichnis

arb	=	arbeiten
cm	=	Zentimeter
DStb	=	Doppel-Stäbchen
fe	=	feste
g	=	Gramm
Lftm	=	Luftmasche (n)
li	=	links/linke
LL	=	Lauflänge
m	=	Meter
M	=	Masche(n)
MS	=	Mustersatz oder Rapport
Nr.	=	Nummer
R	=	Reihe/n
Rd	=	Runde/n
re	=	rechts/rechte
Stb	=	Stäbchen
wdh	=	wiederholen

Ab * wdh heißt, eine größere Maschengruppe (Mustersatz oder Rapport) so oft wiederholen, wie angegeben.

Fall & Winter
mit den neuen Trend-Garnen von LANA GROSSA

LANA GROSSA gibt es im gehobenen Fachhandel. Die Bezugsquelle mit den Top-Adressen für Wolle und Beratung erhalten Sie über: LANA GROSSA · Postfach 11 09 · 85078 Gaimersheim · Fon: 0 84 58/ 61-0 · Fax 0 84 58/ 61-36 Aktuelle Informationen über LANA GROSSA finden Sie auch im Internet unter: www.lanagrossa.de

Herstellerverzeichnis

Alle Garne:
Lana Grossa GmbH
Ingolstädter Str. 86
D-85080 Gaimersheim
Internet: www.lanagrossa.de
Alle Materialien erhältlich in führenden Fachgeschäften in Deutschland, Österreich, Schweiz, Luxemburg, Belgien und den Niederlanden.
Adressen in Ihrer Nähe erhalten Sie über das Verzeichnis im Internet oder per Telefon.

Kommode S. 7, Bank S. 12, 13, 27 und 29, Hocker S. 19, Schrank S. 21, Holzbank S. 23 und 25, Stuhl S. 24, Stuhl, Hocker und Bank S. 40/41, Bett und Tisch S. 42/43, Fußbank und Korb S. 53:
car Selbstbaumöbel
Gutenbergstraße 9 a
D-24558 Henstedt-Ulzburg
www.car-moebel.de

Filz für Kissen S. 11:
De Witte Engel
www.witteengel.nl

Sofa S. 7, 9, 15 und 17, Korbstuhl S. 45:
Heinrich Heine GmbH
Postfach 3009
D-76017 Karlsruhe

Hocker und Holzschale S. 15, Kisten S. 19, 20 und 21, Schaukelstuhl S. 27 und 29, Kissen und Bettwäsche S. 42/43, Karostoff S. 45, Kissen S. 49, 50/51 und 53, Eisbär S. 51, 53 und 55:
Ikea Einrichtungshaus-GmbH
www.ikea.de

Krug S. 7:
Impressionen Versand
Strandbaddamm 2-4
D-22880 Wedel
www.impressionen.de

Spielzeug S. 51, 55-57:
Jako-o GmbH
D-96475 Bad Rodach
www.jako-o.de

Knöpfe S. 8, 30/31, 37:
Jim Knopf Knopfhandel
Kaiserstr. 9
D-63065 Offenbach

Teelichter S. 35, Gläser, Draht und Perlen S. 39:
Knorrprandell GmbH
Postfach 1325
D-96215 Lichtenfels
www.bastelideen.com

Ledersohlen S. 19:
Litha-Hüttenschuhe
Thalhofer GmbH
Burgstr. 36
D-72574 Bad Urach

Applikationen S. 53:
Mono-Quick
Jörn Rauser GmbH
Postfach 100
D-63793 Kahl/Main
www.mono-quick.de

Deckchair S. 37:
OBI Heimwerkermarkt
Freiburgerstr. 29
D-77652 Offenburg

Reißverschlüsse S. 17, 29 und 50/51:
Coats GmbH
Kaiserstr. 1
D-79341 Kenzingen
www.coatsgmbh.de

Tunesische Häkelnadeln:
Prym-Inox Handarbeitshilfen
Postfach 1740
D-52220 Stolberg

Perlen S. 19:
Rayher Hobby GmbH
über Hobby- und Bastelfachhandel

Schaumstoff-Auflagen S. 40/41, Würfel S. 50/51:
Franz Stephan Offenburg
Inhaber Thomas Hund
Küfergasse 2
77652 Offenburg
e-mail: franz.stephan.og@t-online.de

Creative-Hotline
Wir sind für Sie da!

Unsere Fachberaterinnen helfen Ihnen weiter:
Montag bis Freitag 10 - 16 Uhr
unter der Telefonnummer 07623-964 417

Oder schicken Sie eine Postkarte an: OZ Verlag GmbH, Leser-Service, Römerstr. 90, 79618 Rheinfelden

---

Impressum

Konzept:
Janne Graf

Anleitungen:
Veronika Hug

Korrektur:
Veronika Hug, Bärbel Janitz

Lektorat:
Dr. Gabriele Schweickhardt

Redaktion:
Anke Sturm

Fotos:
Titelfoto: Oswald Fotodesign
Alle anderen Fotos: Hermann Mareth, Offenburg

Styling:
Titel: Oswald Fotdesign
Alle anderen Fotos: Elke Reith

Entwürfe:
Ritta Drommer: Seite 42/43
Inge Glaser-Engelmeier: S. 20/21 (1), 30/31 und 32/33
Janne Graf: S. 6-9, 14-17, 20/21 (1), 22-25, 36/37, 52-57

Veronika Hug: S. 12/13, 26-29, 34/35, 38-41 und 50/51
Gundula Papperitz-Ossenkopp: S. 48/49
Elke Reith: S. 10/11 und 18/19
Elke Selke: S. 46/47
Arnhilt Tittes: S. 44/45

Lehrgangszeichnungen
S. 59: Digitale Handarbeit, Brigitte Fischer

Strick- und Häkelschriften, Schemazeichnungen:
motschkommunikation, Rheinfelden

Layout und Produktion:
www.heydesign.de, Isabell Rinner

Repro:
Lithotronic, Frankfurt a. M.

Druck und Verarbeitung:
J. P. Himmer, Augsburg

ISBN 3-89858-624-3

© 2004 by OZ Verlag GmbH, Rheinfelden.
Buchverlag OZ creativ, Freiburg i. Br.
Alle Rechte vorbehalten.

Die Verwertung der Texte und Bilder, auch auszugsweise, ist ohne Zustimmung des Verlages urheberrechtswidrig und strafbar. Dies gilt auch für Vervielfältigungen, Übersetzung, Mikroverfilmung und für die Verbreitung mit elektronischen Systemen.

Jede gewerbliche Nutzung der Arbeiten und Entwürfe ist nur mit Genehmigung von Verfasserinnen und Verlag gestattet. Bei der Anwendung im Unterricht und in Kursen ist auf dieses Buch hinzuweisen. Der Verlag hat größtmögliche Sorgfalt walten lassen, um sicherzustellen, dass alle Angaben und Anleitungen korrekt sind, kann jedoch im Falle unrichtiger Angaben keinerlei Haftung für eventuelle Folgen, direkte oder indirekte übernehmen.

Farbe und Helligkeit der hier gezeigten Garne und Modelle können von den jeweiligen Originalmaterialien abweichen. Die bildliche Darstellung ist nicht verbindlich. Der Verlag übernimmt keine Gewähr und Haftung.
Die gezeigten Garne und Materialien sind zeitlich unverbindlich. Der Verlag übernimmt für Verfügbarkeit und Lieferbarkeit keine Gewähr und keine Haftung.